피터 드러커의
최고의 질문

일러두기

미국에서 출간된 도서의 이름은 번역하여 표기하고 원제를 병기하되 국내 출간이 확인되는 도서의 경우 국내 도서의 이름으로 변경해 표기했다.

세계 최고 리더들의 인생을 바꾼 **피터 드러커의**

최고의 질문

피터 드러커, 프랜시스 헤셀바인, 조안 스나이더 컬 지음 | 유정식 옮김

Peter Drucker's
Five Most
Important
Questions

다산
북스

앨런 멀러리 Alan Mulally | 구글의 이사, 포드의 전 CEO

헌신을 간절히 필요로 하는 세상에 딱 맞춰 나온 책이다! 스타트업 기업이든 일반조직이든 세상에 일조하고 미래의 일부가 되겠다고 결심했다면 이 책이 제시하는, 하나도 버릴 것이 없는 질문들을 반드시 던져라.

밥 버포드 Bob Buford | '비영리 경영을 위한 피터 드러커 재단'의 창립 회장

아무도 피터 드러커보다 더 좋은 질문을 던지지 못했다. 소크라테스조차도! 일의 효과를 극적으로 높여줄 모든 지혜가 여기에 있다. 마치 피터 드러커가 옆에 앉아 있는 것 같다.

베스 콤스톡 Beth Comstock | GE 사업혁신 부회장

나는 비즈니스 리더이자 마케팅 전문가로서 드러커의 간명한 지혜로부터 많은 것을 배웠다. 내가 가장 좋아하는 문구는 '고객 없이는 비즈니스도 없다'는 말이다. 이 책은 빠르게 진화하는 비즈니스 세계에서 어지럼증을 느끼는 사람들에게 세월이 흘러도 변치 않는 통찰과 이야기를 선사한다.

토마스 콜디츠 Thomas Kolditz | 예일 경영대학원 리더십 개발 프로그램 담당 교수

예일 경영대학원 학생들에게 꼭 필요한, 세월이 흘러도 변치 않을 지침을 준다. 우아할 정도로 단순하지만 그 초점은 강력하다.

토마스 모런 Thomas J. Moran | 뮤추얼 오브 아메리카의 CEO

이 책은 모든 부문을 대표하는 다양한 그룹의 리더들에게 훌륭한 가이드일 뿐만 아니라 오늘날 전 세계 리더들에게 필수적인 지략이다.

사나인 시앙 Sanyin Siang
듀크 대학교 경영대학원 Coach K Center in Leadership and Ethics(COLE)의 상임이사

의미 있고, 목적이 있으며, 열정이 있는 삶을 창조하고 싶다는 욕구를 가진 모든 세대의 사람들이 그렇게 하는 데에 꼭 알아둬야 할 교훈을 제시한다. 인상적이고 강력하며 언제나 찾아볼 수 있는 이 책은 또 하나의 고전이다.

로저 퍼거슨 Roger W. Ferguson | 미국 교직원퇴직연금기금(TIAA-CREF) 회장, CEO

드러커의 지혜는 여전히 유효하며, 올바른 방향으로 조직의 탁월함을 추구하도록 해주는 귀중한 영감 그 자체다.

낸시 짐퍼 Nancy L. Zimpher | 뉴욕 주립대학 총장

피터 드러커의 통찰은 모든 부문의 리더들에게 언제나 참신한 영감의 원천으로 남아 있다. 이 책에 숨결을 더해준 리더들은 '21세기의 리더십'과 관련된 가장 긴급한 질문들에 사려 깊게 답해가면서 세상을 바꿔놓을 자신들의 아이디어를 더욱 강하게 추진했다. 그들의 노력은 경영자의 '사고 리더십'에 매우 가치 있는 기여가 아닐 수 없다.

피 터 드 러 커 에 대 하 여

About Peter Drucker

1909년에 태어나 2005년에 사망한 피터 드러커는 교수이자 작가였으며 기업과 사회 부문의 전략과 정책 분야의 컨설턴트로 75년을 활약했던 경영 이론의 세계적인 선구자였다.

그는 P&G(프록터앤갬블), GE(제너럴일렉트릭), IBM, 미국의 걸스카우트 연맹, 적십자 등 다양하고 광범위한 분야의 조직들과 협업했다. 그의 독창적이고 혁신적인 업적에 힘입어 현대 경영이론은 학문의 세계로 한 단계 도약할 수 있었다.

피터 드러커는 분권화, 민영화, 권한 이양, '지식 노동자'

의 이해 등 거의 모든 경영 이론을 새로이 창조하거나 그 분야에 지대한 영향을 끼쳤다. 『피터 드러커의 자기경영 노트』, 『21세기 지식경영』 등 사회, 경제, 정치, 경영의 모든 주제를 다룬 뛰어난 저술가로서 39권의 저서와 수많은 논문 및 기고문을 남겼고, 《하버드비즈니스리뷰》나 《월스 트리트저널》 등 다양한 미디어의 전문 칼럼리스트로도 활동했다.

1909년에 비엔나에서 태어난 드러커는 영국에서 교육을 받았다. 그는 독일 프랑크푸르트에서 신문기자로 활동하면서 일반법과 국제법 박사학위를 취득했다. 그 후 런던에 있는 모 다국적 은행에서 경제 전문가로 근무했다. 1933년 히틀러 지배하에 있던 독일에서 탈출해 런던으로 이주한 후 보험회사에서 증권 분석가로 일했다. 4년 후 도리스 슈미츠Doris Schmitz와 결혼한 그는 1937년에 미국으로 거처를 옮겼다.

1939년 드러커는 뉴욕의 사라 로렌스Sarah Lawrence 대학에서 시간강사로 정착하게 된다. 1942년에 버몬트 베닝턴Bennington 대학의 정치학 교수로 임명되었고 이듬해부터 2년 동안 GM의 경영 구조를 연구하는 데 몰두했다. 이때의 경험은 그의 책『기업의 개념』으로 이어졌고 출판되자마자 미국과 일본 전역에서 베스트셀러가 되었다. '위대한 기업'이라는 개념을 심층적으로 다룬 이 책은 경영학계의 고전으로 통한다.

1950년 피터 드러커는 뉴욕 대학 경영대학원 교수로 임용되어 그곳에서 20년간 재직했다. 이 대학에서 그는 교수로서 최고의 영예라 할 수 있는 총장 표창을 수상하기도 했다.

1971년 드러커는 캘리포니아에 있는 클레어몬트 대학으로 자리를 옮기고 미국 최초로 기업 임원들을 대상으로 한 경영학 석사 과정을 운영하는 데 산파 역할을 했다. 1987년에 클레어몬트 대학은 그의 공적을 기려 경영대학원의 이름을 '피터 드러커 경영대학원Peter F. Drucker Graduate School of Management'으로 개명했다. 그는 자신의 이름을 딴 이 경영대학원에서 2002년 봄까지 학생들을 가르쳤다. 그가 개설한 과정들은 언제나 학생들로 북적였다.

컨설턴트로서 드러커는 정부, 기업, 비영리조직의 전략 및 정책에 전문성을 보였다. 그의 가장 큰 관심사는 조직과 최고경영자의 책무에 관한 것이었다. 그는 세계에서 가장 큰 기업과 중소기업들, 심지어 개인 기업들과도 폭넓게 협업했고 말년에는 학교, 병원, 교회를 포함한 비영리부문으로 영역을 확장했다. 또한 그는 미국 정부 기관들뿐만 아니라 캐나다, 일본, 멕시코 등 여러 국가의 정부에 컨설턴트로서 도움을 주었다.

드러커는 현대 조직에 관한 사상가, 작가, 강사로서 세계적으로 환영받는 인사였다. 그의 업적은 60년 넘게 현대 조직과 경영에 지대한 영향을 미쳤다. 예리한 통찰과 청중을 사로잡는 언변으로 자신의 생각을 전달했던 그는 경영철학 분야에서 심오한 화두를 자주 던졌다.

'사람이 조직의 가장 가치 있는 자원이고 경영자의 업무는 사람들이 자유롭게 성과를 창출하도록 돕는 것'이라는 관점이 피터 드러커 경영철학의 핵심이다. 1997년에 그는 「여전히 젊은 정신의 소유자Still the Youngest Mind」라는 제목으로《포브스》의 표지 모델이 되었으며,《비즈니스위크》는 '우리 시대 불후의 경영 사상가'라고 드러커를 칭송했다. 2002년 6월 21일, 드러커는 미국 시민으로서 최고의 영예라 할 수 있는 '대통령 자유메달'을 수상했다.

피터 드러커는 미국 내 대학들은 물론이고 벨기에, 체

코, 영국, 일본, 스페인, 스위스 등 세계적으로 저명한 여러 대학교에서 명예 박사학위를 받았다. '비영리조직 경영을 위한 피터 드러커 재단'을 설립했으며 이 재단은 현재 '프랜시스 헤셀바인 리더십 연구소'로 운영 중이다. 2005년 11월 11일, 그는 96세의 나이로 세상을 떠났다.

프랜시스 헤셀바인 리더십 연구소에 대하여

About Frances Hesselbein Leadership Institute

　사회, 공공, 영리 부문의 파트너들과 함께 리더십과 경영에 관한 최고의 사상을 공유하자는 목적을 가지고 1990년에 발족한 '비영리 경영을 위한 피터 드러커 재단'은 2012년, '프랜시스 헤셀바인 리더십 연구소The Frances Hesselbein Leadership Institutue'로 이름을 변경했다.

　프랜시스 헤셀바인은 세계에서 가장 큰 여성 단체인 미국 걸스카우트 연맹을 그만둔 지 6주 후에 직원도 없고 무급인, 세계에서 가장 작은 단체의 CEO가 되었다. 그래도 비전과 미션만은 그 어느 곳보다 열정적이었다.

　그 후 25년 동안 5000명이 넘는 선도적 리더들이 참여해 30개의 언어로 27권의 책을 출간했고 《리더 투 리더》라는 계간지를 계속 출판하고 있다. 이 잡지는 기업, 정부, 사회 부문의 리더들에게 필수적인 리더십의 원천이라 말할 수 있으며, 2014년 잡지 및 타블로이드 출판상인 '에이펙스 어워드Apex Award'에서 2075개의 후보 가운데 수상하기도 했다.

리더십 개발 분야에서 가상 존경받는 전문가 중 한 사람인 프랜시스 헤셀바인은 1998년 '대통령 자유메달'을 수상했다. 이 상으로 그녀는 연구소의 창립자로서뿐만 아니라 미국 걸스카우트 연맹의 CEO로서 리더십을 인정받았다.

프랜시스 헤셀바인 리더십 연구소는 미래의 리더들로 하여금 떠오르는 기회를 잡고 도전할 수 있도록 혁신적이고 관련성 높은 자원, 생산품, 경험을 제공하고 있다. 비영리조직 경영을 위한 피터 드러커 재단 시절부터 리더십 교육과 정기적인 경영 출판에 집중하는 현재에 이르기까지 25년 넘게 축적된 지혜를 공유하고 있는데 그것은 비전과 몰입, 그리고 프랜시스 헤셀바인의 번뜩이는 영감 덕분이다.

이 연구소가 추구하는 리더십은 다음을 기초로 한다. '봉사하고자 하는 열정, 경청하려는 노력, 질문하려는 용기, 포용하려는 정신.' 혁신의 유산 위에 설립된 이 연구소는 리더들의 리더십을 강화하기 위한 새로운 접근방식을 탐구하고 있다. 지역공동체 개발 기업으로부터 미국 육군에 이르기까지, 더 이상 미래에 통하지 않을 어제의 관행을 폐기하기 위해 새로운 리더와 새로운 방법을 찾도록 도와준다.

2002년 《뉴욕타임스》는 프랜시스 헤셀바인 리더십 연구소에 대해 "이 연구소는 돈을 별로 들이지 않고서도 원하는 모든 사람들의 컵을 채울 만큼 경영의 지혜로 가득한 곳이다"라고 평하기도 했다. 프랜시스 헤셀바인 리더십 연구소는 지금도 계속해서 리더십과 경영에 관한 최신 저작물들을 출간하고, 리더십 관련 자료와 조언을 제공하고 있다. 또한 학습과 성장의 기회를 제공하기 위해 분야 간 파트너십을 구축 중이고, 전 세계의 학생 리더들과 전문가들을 지원하고 있다.

성장을 위한 에너지와
용기를 선사하는 담대한 여정

'피터 드러커의 질문'은 전 세계의 매우 다양한 분야의 리더들이 활용하고 있다. 나는 그들이 보내오는 희망적인 메시지를 볼 때마다 매우 고무되곤 한다. 많은 리더들이 자신들의 조직뿐만 아니라 그들의 고객과 지역사회에 다가가 자신들의 가치를 재차 확인하고 자신들의 미션을 다시 점검하고 있다.

'피터 드러커의 질문'이 담긴 초판이 출판된 이후로 나는 현업 전문가들, 고위 임원들, 교수들, 학생들 등 많은 '동료 여행자'들을 만났는데, 그들은 우리가 피터 드러커의 리더십 관련 저작물에 기초하여 제공한 영감과 자료들이 리더십 철학을 더욱 체화하는 데 도움이 되었다고 하나같이 말한다.

고맙게도 그들은 우리가 역설하는 '미션 중심의 리더십', '가치 중심의 리더십'을 자신들의 울타리 바깥에 있는 사람들에게 열렬히 전파 중이다. 그들은 '피터 드러커의 질문'들이 겉보기에는 단순하지만 답하기가 녹록치 않다고 고백한다. 각각의 질문은 매우 심오하기 때문에 답을 하려면 냉철하고 정직한 자가진단을 필요로 한다. 만약 피터 드러커가 아직 살아 있어서 당신의 조직을 방문해 자가진단의 '여정'을 함께한다면, 십중팔구 그는 자신 개발한 다음의 다섯 가지 질문들을 던질 것이 틀림없다.

1. **미션은 무엇인가** 왜, 무엇을 위해 존재하는가?
2. **고객은 누구인가** 반드시 만족시켜야 할 대상은 누구인가?
3. **고객가치는 무엇인가** 그들은 무엇을 가치 있게 생각하는가?
4. **결과는 무엇인가** 어떤 결과가 필요하며, 그것은 무엇을 의미하는가?

5. 계획은 무엇인가 앞으로 무엇을 어떻게 할 것인가?

단순해 보이지만 필수적이고 유의미한 이 다섯 가지 질문들은 현존하는 모든 조직들에 적용할 수 있다. 이 책은 개별 제도에 대한 진단이나 직원들의 성과평가가 아니라 조직 관점에서 자가진단을 전략적으로 수행하기 위한 목적으로 쓰였다.

이 책은 근본적인 질문으로 시작된다. '미션은 무엇인가?' 이 질문은 조직의 존재 이유와 목적이 무엇인가를 묻는다. 존재하기 위한 '방법'을 묻는 질문이 아니다. 미션은 '우리 조직이 사람들에게 어떤 존재로 기억되기를 원하는가'란 질문에 답하도록 이끈다. 이런 질문들은 자연스레 '우리는 얼마나 잘하고 있는가'를 진단하도록 만들고, 미션에 한 걸음 더 다가가고 비전에 따른 조직의 목표를 달성하기 위해 '측정 가능한 결과 중심의 전략계획'을 수립하게 해준다.

이토록 질문을 던지고 답하는 일련의 과정에서 얻을 수 있는 혜택은 결국 여러분의 조직이 접하는 관계자들이나 고객들에게 최종적으로 돌아간다. 이는 여러분처럼 자기

서문 · 프랜시스 헤셀바인

자신과 조직을 들여다보며 강점과 위협을 규명하고, 변화를 수용하고, 혁신을 촉진하고, 고객의 피드백에 응답하고, 시장의 트렌드를 파악하여 기회를 잡기 위해 조직의 울타리 너머를 바라보고, 폐기하기로 계획된 것들을 버리도록 격려하고, 측정 가능한 결과를 요구해야 한다고 용기 있게 결정한, 그런 사람들 덕분이다. 과거의 몇몇 조직들은 선행을 베푸는 것으로도 족했다. 반면 미래의 조직들은 측정 가능한 결과가 있어야 지속가능할 수 있다.

이 책에서 보여주는 '피터 드러커의 질문'들은 유연하고 충분히 조정 가능하다. 어떤 조직, 어느 CEO의 사무실에 갖고 들어가도 쓸 수 있을 정도다. 모든 분야를 막론하고 활용 가능하다.《포춘》선정 500대 기업이든, 이제 막 첫발을 뗀 스타트업 기업이든, 거대 국가기관이든 지방 소도시의 관청이든, 10억 달러의 규모의 비영리재단이든 자산 가치가 10만 달러에 불과한 노숙자 쉼터든 상관없다.

중요한 것은 미션에 대한 몰입, 고객에 대한 헌신, 미래에 대한 전념, 혁신에 대한 집중이다. '피터 드러커의 질문'을 통한 자기 발견은 조직과 리더에게 성장을 위한 에너지와 용기를 선사하는, 성찰적이고 담대한 여정이다.

모든 조직에 없어서는 안 될 도구인 '피터 드러커의 질문'들을 보강하기 위해 우리 연구소는 현 시대의 맥락뿐만 아니라 고객, 직원, 환경, 그리고 넓게는 공동체에 대한 헌신을 추구하는 B 코퍼레이션(B Corporation, 비즈니스를 통해 사회와 환경 문제를 해결하고자 하는 사회적 기업을 나타내는 용어)'의 출현에 주목했고, '밀레니얼 세대(Millennials generation, 1980년대 초반부터 2000년대 초반에 태어난 세대)'가 사회에 비치는 영향도 충분히 고려했다. 또한 우리는 경험 많은 리더들뿐만 아니라 새로이 떠오르는 여러 리더들을 만나 피터 드러커가 제시한 강력한 질문들에 관해 새로운 통찰도 얻었다. 그리고 여기에 그 모든 '인사이트'를 담았다.

이 책을 통해 자신들의 재능을 기꺼이 나눠준 리더들에게 깊은 감사의 말씀을 드린다. 짐 콜린스, 마셜 골드스미스와 켈리 골드스미스, 마이클 래드파르바르, 필립 코틀러, 라그후 크리슈나무르티, 루크 오윙스, 제임스 쿠제스, 마이클 라제로우와 카스 라제로우, 나디라 히라, 주디스 로딘, 버나드 뱅크스, 애덤 브라운, 캐스터리 랭건, 주아나 보르다스, 캐롤린 고슨, 로렌 메일리언 바이어스, 조안 스나이더 컬까지, 이들의 사려 깊은 관점들과 이들이 흔쾌히 선사하는 지혜, 경험, 지적 에너지는 여러분에게 무한한 영감을 줄 것이다. 마지막으로, 조직의 발견이라는 여정을 함께하는 '동료 여행자', 즉 우리의 독자이자 후원자인 여러분에게 깊은 감사의 말씀을 전한다.

프랜시스 헤셀바인 Frances Hesselbein

'프랜시스 헤셀바인 리더십 연구소'의 창립자. 그녀는 미국 걸스카우트 연맹의 회장이었으며, 그 공로로 빌 클린턴 대통령으로부터 '대통령 자유 메달'을 수상하기도 했다. 그녀는 『리더십과 나의 인생My Life in Leadership』, 『헤셀바인 리더십Hesselbein on Leadership』 등의 저자이자 『최고의 리더십Be, Know, Do』 등 수많은 책의 공동 편집자이며, 수상 경력이 있는 잡지 《리더 투 리더》의 편집장이기도 하다. www.HesselbeinInstitute.org

전 세계 리더들을 위한
불후의 지혜

"당신은 어떤 사람으로 기억되고 싶습니까?" 피터 드러커는 같이 일하는 사람들에게 자주 이렇게 묻곤 했다. 프랜시스 헤셀바인 리더십 연구소에서 우리는 다음 세대의 리더들에게 영감을 주는 것이 우리의 매우 중요한 역할이라는 것에 만장일치로 동의했다.

2009년 프랜시스 헤셀바인 리더십 연구소는 피츠버그 대학교와 파트너십을 맺어 학생들에게 리더십과 참여를 가르치는 글로벌 아카데미를 열었다. 전 세계 300명의 재능 있는 학생들이 이곳에 모여 피터 드러커와 프랜시스 헤셀바인의 저작물을 함께 학습했다.

누구나 기술을 쉽게 접할 수 있는 시대에서 밀레니얼 세대는 창의력을 발휘하여 여러 가지 방법으로 자신들의 꿈을 펼치고 있다. 디지털 기기와 소셜미디어로 그들은 전 세계와 접촉하고 있다. 글로벌 브랜드를 입고, 소비하고, 예전에는 없던 방식으로 상호작용하면서 말이다. 그들은 이웃에 살거나 같은 헬스클럽에 다니는 사람이 아니라 멀리 떨어진 국가에 사는, 직접 대면한 적이 없는 사람들과 친구 관계를 형성한다. 이러한 세계적인 연결은 그들의 삶에 매우 큰 영향을 끼친다. 그들은 글로벌 감각을 이미 갖췄다. 이것이 바로 내가 밀레니얼 세대를 '최초의 글로벌 세대'라고 자주 언급하는 이유다.

우리가 만난 젊은 리더들은 투지가 넘치고 관대하며 글로벌 마인드를 갖춘 '자발적 행동가'들이다. 그들은 매우 긍정적인 태도로 세계를 달리 본다. 동시에 그들은 기록적인 실업률 및 저고용률과 마주하고 있기도 하다. 우리는 밀레니얼 세대가 자신들의 잠재력을 극대화하여 세계를 변화시키려는 꿈에 도움이 되는 가이드, 간단한 도구, 멘토를 간절히 원한다는 사실을 알게 됐다. 바로 이것이 이 책을 펴낸 계기가 되었다.

드러커의 경영철학은 오늘날의 젊은 인재들과 기존 리더들에게 여전히 의미가 있는가? 그렇다! 그것이 변화를 일으킬 수 있는가? 우리는 이미 변화를 목격했다. 20세기 중반에 처음 쓰인 피터 드러커의 글이 지금의 상황에서 마주하는 비즈니스 도전과 기회에도 여전히 적용 가능하다. 이 책 전체에 '그렇다'는 것을 증명하는 사례들이 가득 담겨 있다.

　드러커는 "자가진단은 리더에게 요구되는 첫 번째 활동"이라고 말했다. 어느 날 갑자기 조직을 이끌게 된 젊은 인재들은 피터 드러커가 제시하는 자가진단 도구, 즉 '가장 중요한 다섯 가지 질문'을 체득해야 하고 다양한 부문에서 활동하는 기존의 리더들 역시 재차 학습해야 한다. '피터 드러커의 다섯 가지 질문'이라는 기본 프레임워크는 모든 부문의 리더들에게 수십 년간 도움을 주었고, 이제는 밀레니얼 세대의 경영자들을 위해서도 완벽한 동반자가 되려 한다. 고맙게도 여러 기고자들이 '피터 드러커의 질문, 즉 자가진단 프로세스'가 어떻게 도움을 주고, 어떻게 조직의 발전을 자극하는지 생생한 사례를 이 책에 소개해주었다.

세계적으로 '인재 전쟁'이 한창 진행 중이다. 모든 분야의 경영자들은 젊은 인력의 생산성을 향상시키고, 오래 살아남는 리더로서의 역량을 재고하기 위한 전략을 모색하고 있다. 이 책이 새로운 리더십 개발 프로그램의 기본적인 도구로 쓰이기를 바란다.

"위대한 리더들은 자신의 니즈와 기회를 생각하기 전에 조직의 니즈와 기회를 먼저 생각한다"라고 드러커는 말했다. 드러커의 '사고 리더십'은 어느 환경, 어느 부문에서든 여러 세대가 모인 팀 내에서 아이디어와 전략을 수립하기 위한 보편적인 '협업 플랫폼'이 될 수 있다. 드러커의 영향력 있는 통찰을 수용하는 것만으로도 팀을 하나로 묶고 서로 다른 세대들 간의 의사소통 문제를 해결하기 위한 대화를 촉진시킬 수 있다.

나는 학부생들과 경영대학원생들의 멘토 역할을 하면서 학교 졸업 후의 경력에 관한 그들의 기대감과 불안감이 극적으로 변화하는 모습을 관찰했다. 금융 위기로 인해 많은 기업들이 인력 운용 방식을 급격히 변화시키는 바람에 대기업에 다니는 대부분의 직원들이 가졌던 직업 안정성이 크게 낮아졌다.

요즘의 MBA생들은 졸업 후의 직장 선택에 더 조심스러워졌다. 그리고 더 많은 책임을 부여받을 수 있고 기업 전체에 대해 더 깊이 이해할 수 있을 거라 생각되는 벤처 기업으로 눈을 돌리고 있다. 경영대학원들은 사업계획서 콘테스트와 뉴미디어 및 벤처 관련 과정을 신설함으로써 스타트업 기업에 대한 관심을 높이려고 한다.

밀레니얼 세대는 자신들의 열정을 담은 프로젝트를 시작하기 위해 '주식회사 미국'이라는 네모난 사무실에서 탈출해 이전 세대보다 더 많이 창업하고 있다. 경제전문지 《블룸버그》에 따르면 창업가 10명 중 8명이 1년 6개월 안에 실패한다고 한다. 많은 경우, 실패는 비즈니스 전략의 초점이 불분명하고 그에 따라 투자 유치에 어려움을 겪기 때문에 발생한다. 투자자를 모으고 다른 사람들의 지원을 받으려면 핵심 지식을 입증해 보이고 레이저 같은 집중력으로 사업에 몰두해야만 한다. 그 기초 작업으로써 '피터 드러커의 질문'이라는 자가진단 도구를 사용하는 것보다 비즈니스 구축에 더 좋은 방법은 없을 것이다.

미국의 두 번째 대통령인 존 애덤스는 이렇게 말했다. "당신의 행동으로 다른 사람들이 더 많이 꿈꾸고, 더 많이 배우고, 더 많이 실천하고, 더 많은 무언가를 이루게 됐다면, 당신은 이미 리더다." 밀레니얼 세대에게 영감을 주고 그들의 잠재력을 촉발시키기 위해 이 책 전체에 걸쳐 자신들의 통찰력을 드러커의 영속적인 지혜와 연결시킨 리더들에게 깊은 감사의 말씀을 전한다.

조안 스나이더 컬 Joan Snyder Kuhl

엘리 릴리Eli Lilly, 포레스트 연구소Forest Laboratories, 액타비스Actavis 등의 기업에서 13년 이상 영업, 마케팅, 교육 및 개발, 조지 분야외 실무를 경험했다. 그 후 10년간 전 세계의 밀레니얼 세대를 위한 멘토, 코치로 활동했고, '와이 밀레니얼스 매터 Why Millennials Matter'라는 조직을 설립해 Y세대(밀레니얼 세대)를 주제로 연구와 컨설팅을 수행하고 있다. 세계적인 강연가이며 저자이고, 프랜시스 헤셀바인 리더십 연구소의 운영위원회 멤버이자 《코스모폴리탄》의 자문위원회 멤버이기도 하다. www. whymillennialsmatter.com

차례

질문 I

미션

왜, 무엇을 위해 존재하는가?

왜 스스로 진단해야 하는가?

Why SELF-ASSESSMENT?

가장 중요한 다섯 가지 질문들

조직의 모든 규율은 미션에 뿌리를 두어야 한다. 한정된 인력과 자금을 잘 경영하여 효과를 극대화해야 한다. 그리고 충분한 고민을 통해 어떤 결과가 조직에 필요한지 명확히 해야 한다.

'자가진단 프로세스'는 우리가 무엇을 하는지, 우리가 왜 그 일을 하는지, 조직의 성과를 향상시키기 위해 무엇을 해야 하는지를 평가하기 위한 방법이다. 이는 다섯 가지의 질문으로 구성된다.

'우리의 미션은 무엇인가: 왜, 무엇을 위해 존재하는가?' '우리의 고객은 누구인가: 반드시 만족시켜야 할 대상은 누구인가?' '우리의 고객가치는 무엇인가: 그들은 무엇을 가치 있게 생각하는가?' '우리의 결과는 무엇인가: 어떤 결과가 필요하며, 그것은 무엇을 의미하는가?' 우리의 계획은 무엇인가: 앞으로 무엇을 어떻게 할 것인가?'

각각의 질문이 가진 의미를 다시 정의해보자. 첫 번째 질문, '미션'은 행동의 이유, 즉 조직의 존재 이유이자 존재 목적을 말한다. 궁극적으로 어떤 존재로 기억되고 싶은지를 뜻한다.

두 번째 질문, '고객'은 조직이 결과를 달성하기 위해 반드시 만족시켜야 할 대상을 일컫는다.

세 번째 질문, '고객가치'는 니즈(신체적, 정신적 행복), 요구(서비스 제공 장소, 시간, 방법 등), 열망(갈망하는 장기적 결과) 등 고객이 가치 있게 여기는 것들을 말한다.

네 번째 질문, '결과'는 기업의 이익, 궁극적으로 만들고자 하는 가치에 해당하는 것으로 사람들의 행동, 환경, 건강, 희망, 능력, 역량 등의 차원에서 그들의 삶이 얼마나 변했는가로 판단된다.

다섯 번째 질문, '계획'은 조직의 목표(원칙, 장기적 방향 설정), 세부목표(측정 가능한 구체적인 성취 수준), 실행방법(세부 계획과 활동들)을 달성하기 위해 수립하는 접근방식을 말한다. 효과적인 계획이 되려면 완료 시점뿐만 아니라 목표, 세부 목표, 실행방법을 책임질 담당자와 동원 가능한 인적, 재무적 자원을 명확히 해야 한다.

자가진단은 행동으로 이어져야만 의미가 있다. 조직이 점점 늘어나는 고객 니즈에 부합하고 급변하는 환경에서 성공을 거두려면 반드시 미션에 초점을 맞춰야 하고 정해진 책임을 다해야 하며 결과를 달성해야 한다. 자가진단 도구는 어느 조직이든 미션에 집중하도록 만든다. 비영리조직 또한 마찬가지다. 사실, 비영리조직 중 열에 여덟은 소규모라서 어떤 사람이 선한 의도를 가지고 다가올 때 '노!No'라고 말하기를 매우 어려워한다.

나는 어느 가톨릭교회 교구의 자문위원회에서 일하는 친구들에게 그들이 하는 일의 절반은 하지 말아야 할 것들이라고 조언한 적이 있다. 그런 일들이 중요하지 않아서가 아니라 할 필요가 없었기 때문이었다. 나는 그들에게 이렇게 말했다.

"다른 사람들도 충분히 할 수 있는 일이야. 아마 그들이 더 잘할 거고. 몇 년 전에는 농산물 직판장이 열리도록 돕는 게 좋은 아이디어라고 생각했겠지. 자네들 지역에 사는 베트남 농부들이 농작물을 팔 장소가 필요했으니 말이야. 하지만 지금은 잘 운영되고 있잖아. 자네들이 더 이상 운영에 참여할 필요가 없다고. 지금이야말로 '조직화된 폐기 Organized Abandonment'가 필요한 타이밍이야."

'고객'이 원하는 바를 뚜렷하게 알지 못하면 결과를 결코 정확히 정의할 수 없을 것이다(여기서 고객이란 용어를 놓고 부디 불필요한 논쟁을 벌이지 않기를 바란다.). 비즈니스의 세계에서 고객은 반드시 만족시켜야 하는 대상이다. 만약 그들을 만족시키지 못한다면 어떠한 결과도 얻을 수 없다. 결과가 없다면 비즈니스도 없다. 누구를 자신들의 고객으로 보든지 간에 그들이 요구하는 가치에 초점을 맞춰야 한다. 그들이 필요로 하는 것, 원하는 것, 열망하는 것들을 만족시키는 데 집중해야 한다는 뜻이다.

'이렇게 하면 고객을 만족시킬 수 있다'는 믿음 속에는 위험이 도사리고 있다. 그런 믿음은 필연적으로 환경을 오판하게 만든다. 고객만족의 해답을 머리로만 추측하지 않는 것도 리더의 임무다. 해답을 구하려면 항상 고객에게 다가가 체계적으로 탐구해야 한다.

계획은 일회성 행사가 아니다

자가진단 프로세스를 완료하면 하나의 계획을 세우게 될 것이다. 그런데 애석하게도 많은 사람들이 현재를 위한 의사결정만 중요하게 여긴다. 미래의 비전을 달성하기 위해 담대한 목표를 설정해야 한다는 사실은 알지만, 조직이 긴급히 답해야 할 질문 목록에서 '미래를 위한 것들'은 제외되기 십상이다.

"결과를 달성하기 위해 오늘 우리가 해야 할 것을 무엇인가?" 이것이야말로 올바른 질문이다. 계획 수립은 일회성 행사가 아니다. 계획 수립의 과정은 잘 운영되는 것들을 강화하고, 그렇지 못한 것들을 폐기하는 끊임없는 프로세스여야 한다. 잠재적 효과를 최대한 고려하여 위험을 감수할 것인지를 판단하는 의사결정 프로세스여야 한다.

또한 계획 수립은 세부목표를 설정하고 체계적인 피드백을 통해 성과와 결과 달성을 독려하는 것이어야 하며 동시에 조건이 변할 때마다 지속적으로 세부목표를 조정하는 프로세스가 되어야 한다.

건설적인 반대를 장려하라

내가 관찰한 바에 따르면 뛰어난 의사결정자들은 하나의 단순한 규칙을 가지고 있었다. '중요한 사안에 대해 빠르게 의견 일치가 이루어진다면 결정을 내리지 말라'는 것이다. 만장일치는 아무도 해당 사안을 깊이 들여다보지 않았다는 뜻이다.

조직의 의사결정은 매우 중대하고 위험하기 때문에 반드시 논란을 동반해야만 한다. 아리스토텔레스 시대까지 거슬러 올라가는 아주 오래된 속담이 있다. "본질적으로 일치를, 행동할 때는 자유를, 만사에는 신뢰를." 신뢰가 생기려면 공개적으로 반대 의견을 낼 수 있어야 한다.

조직이 혁신과 헌신을 촉진시키길 원한다면 반대 의견을 꺼낼 수 있는 건전한 문화를 구축할 필요가 있다. 솔직하고 건설적인 의견 충돌을 장려해야 한다. 너의 의견과 나의 의견의 대립은 너의 선의와 나의 선의의 조화라고 간주해야 한다. 적절하게 의견 충돌을 장려하지 않으면, 사람들은 그런 힘겹고 매우 중요한 토론 과정을 피하려 하거나 보이지 않는 곳에서 서로 반목하고 말 것이다.

반대를 장려해야 하는 또 하나의 이유는 어떤 조직이든 일반적인 관행을 따르지 않는 사람, 즉 '이단자'를 필요로 하기 때문이다. "옳은 길과 잘못된 길이 있습니다. 그리고 우리는 우리의 길이 있습니다." 이런 식으로 말하는 사람은 이단자가 아니다. 이단자라면 "진정으로 미래를 위해 옳은 길은 무엇입니까?"라고 묻고 변화할 자세를 취한다.

그러므로 공개적인 토론의 자리는 매우 중요하다. 그런 상황은 어떤 반대 의견들이 존재하는지 겉으로 드러나게 한다. 참여자들이 진정성을 가지고 토론에 임한다면 반드시 한 가지로 결정 내릴 필요는 없다. 여러 제안들을 취합하고 반대 의견을 통합하면 의사결정은 그 자체가 행동을 위한 몰입의 과정이 된다.

내년이 아니라 바로 내일 아침부터 할 일

자가진단 과정에 몰입하는 것은 리더로서 당신 자신과

당신의 조직에 몰입하는 것과 같다. 고객의 소리를 경청함으로써, 건설적인 반대를 장려함으로써, 사회에서 벌어지는 광범위한 변화를 관찰함으로써 비전을 확장하게 될 것이다.

당신은 사활이 걸린 판단을 앞에 두고 있다. 미션을 바꿀지 말지, 더 이상 유용하지 않은 프로그램을 폐기하고 자원을 다른 곳에 집중할지 말지, 여러 기회를 잡기 위해 어떤 역량을 갖추고 몰입해야 하는지, 어떻게 조직 공동체를 구축하고 사람들의 삶을 변화시킬 것인지를 결정해야 한다.

'질문'을 던지고 답하는 자가진단의 과정은 리더십의 첫 번째 행동 요건이다. 이 자가진단을 통해 지속적으로 방향을 선명하게 재설정해야 하고, 끊임없이 초점을 재조정해야 한다. '이만하면 됐다'고 만족하지 말아야 한다. 자가진단을 하기 좋은 시기는 성공을 거두고 있을 때다. 상황이 나빠질 때까지 기다린다면 자가진단은 매우 어려워진다.

당신이 속한 조직을 통해 미래는 창조되고 있다. 사회 속에서 모든 사람은 리더로서 책임감을 가지고 행동한다. 그러므로 미션과 리더십은 그저 읽고 듣는 것으로만 만족해서는 안 된다. 반드시 실행으로 이어져야 한다. 자가진단을 통해 좋은 의도와 지식을 효과적인 행동으로 전환시킬 수 있고, 또 그렇게 해야 한다. 이는 내년에 할 일이 아니라 바로 내일 아침부터 해야 할 일이다.

질문

I

WHAT IS
OUR MISSION?

왜,
무엇을 위해
존재하는가?

존재 이유가 변화를 일으키는 힘이다

· 현재 미션은 무엇인가?

· 직면한 도전은 무엇인가?

· 기회는 무엇인가?

· 미션을 재검토할 필요가 있는가?

    사회의 많은 조직들은 개인의 삶과 사회 전반에 걸쳐 제각기 독특한 변화를 불러일으키기 위해 존재한다. 미션, 즉 조직의 목적과 존재하는 이유가 바로 변화를 일으키는 힘이다. 기업과 사회와 다양한 조직들은 각자 다른 미션을 가지고 있겠지만, '누군가의 삶을 변화시킨다'는 가치는 언제나 모든 조직의 시작점이고 종착점이다. 모든 미션은 비인격적일 수 없다. 심오한 의미를 지녀야 하고, 당신이 옳다고 믿는 무언가여야 한다. 리더의 기본적인 책무 중 하나는 반드시 조직의 모든 사람들이 미션을 알고 이해하며 미션과 함께 생활하도록 만드는 것이다.

오래 전에 나는 대형 병원의 경영자들과 함께 응급센터의 미션을 심도 있게 토론한 적이 있다. 대부분의 병원 경영자들처럼 그들 역시 이렇게 말을 시작했다. "우리의 미션은 건강관리입니다." 이것은 옳지 않은 정의다. 병원은 건강을 관리하지 않는다. 병원은 질병을 관리한다. 우리는 '응급센터는 고통받는 사람들을 안심시키기 위해 존재한다'라는 아주 간단하고 자명한 문장으로 합의를 이루기까지 꽤 오랜 시간이 걸렸다.

미션을 잘 수행하려면 어떤 일이 실제로 벌어지는지 알아야 했다. 그 지역에서 제법 잘 운영되던 어느 응급센터의 역할은 찾아온 사람들 열 명 중 여덟에게 '숙면으로 고치지 못할 위급상황은 별로 없다'고 알리는 일이었다. 이런 식으로 말이다. "아기가 병에라도 걸린 줄 알고 당황스러웠을 겁니다. 괜찮습니다. 그저 경기일 뿐이에요. 자다가 깨서 놀란 거지 아기에게 심각한 문제는 없습니다." 이렇게 그곳의 의사와 간호사들은 환자를 안심시켜야 한다는 미션을 제대로 실천하고 있었다.

우리가 만든 미션은 너무 자명해서 오히려 이상할 정도였다. 미션을 실행에 옮기려면 응급실을 찾아온 사람들이 1분 안에 적절한 진찰을 받도록 해야 했다. 즉, 첫 번째 목표는 모든 사람들을 거의 동시에 진찰하는 것이었다. 그것이 사람들을 안심시키는 최선의 방법이었기 때문이다.

미션은 티셔츠를 입는 것만큼 쉬워야 한다

효과적인 미션은 간결하고 초점이 분명하다. 미션은 티셔츠를 입는 것만큼 쉬워야 한다. 미션은 과업을 '어떻게 해야 하는지'가 아니라 '왜 해야 하는지'를 말해준다. 미션은 포괄적이고 영원한 것이라서 미래에도 계속 올바른 일을 하도록 방향을 알려주기 때문에 조직의 모든 구성원들이 "내가 하는 일은 목표 달성에 기여한다"라고 말할 수

있게 해준다. 그러므로 미션은 명확해야 하고 영감을 불러일으켜야 한다. 직원들 모두 미션을 숙지해야 하고 "그렇습니다. 미션은 우리가 사람들에게 어떻게 기억되고 싶은가를 뜻합니다"라고 말할 수 있어야 한다.

효과적인 미션을 수립하려면 조직이 가진 '기회'와 '역량' 그리고 '대상'을 정확하게 일치시키도록 애써야 한다. 그리고 그렇게 수립한 미션은 '선언문'의 형식으로 모두가 알 수 있도록 작성해야 한다. 좋은 미션 선언문은 위의 세 가지, 기회와 역량 그리고 대상을 모두 갖추고 있다.

먼저 외부 환경을 살펴야 한다. 만일 내부 상황을 먼저 관찰한 다음에 자원을 투입할 곳을 찾는다면 자원을 낭비할 가능성이 크다. 미래가 아니라 과거에 초점을 맞추는 꼴이기 때문이다.

인구 구조는 변화한다. 니즈도 변화한다. 그러므로 외부에서 벌어지는 것들이 무엇인지 알아야 한다. 그것들이 바로 조직이 직면한 도전이자 기회다. 리더의 자리에 오르면 미래를 예상하고 변화에 즉각 대응해야 한다. 운 좋게 파도를 잘 타서 올라가더라도 언젠가는 그 파도와 함께 추락할지 모른다는 것을 유념하면서 말이다.

물론 이런 일들을 수월하게 해내는 사람은 별로 없다. 하지만 훌륭한 가이드가 없더라도 기회가 어디 있는지 계속 찾아야 한다.

원칙에 입각하여 의사결정하라

주의사항이 하나 있다. "절대 돈을 위해 미션을 무시하지 마라." 기회가 생기더라도 조직의 진실성에 위배된다면 반드시 '노!'라고 말해야 한다. 그렇지 않으면 악마에게 영혼을 파는 것과 같다.

모 박물관은 자존심이 있다면 수용하기 어려운 조건으로 주요 예술 작품을 기부 받는 문제로 갈등이 있었는데, 나는 그 박물관 관계자들의 토론을 지켜본 적이 있다. 이사회 멤버들 중 몇 명이 이렇게 말했다. "그 조건으로 기부를 받읍시다. 나중에 조건을 바꿀 수 있습니다." 그랬더니 다른 멤버가 "안 됩니다. 그것은 부도덕합니다!"라고 반박하면서 한바탕 소란이 일어났다. 결국 그들은 기본 원칙을 버리면 득보다 실이 클 거라는 결론에 이르렀다. 결과적으로 박물관은 훌륭한 조각 작품 몇 개를 포기해야 했지만, 핵심가치를 수호할 수 있었다.

작은 걸음으로는 영원에 이를 수 없다

이 책을 통해 '다섯 가지 질문'을 던지는 자가진단 프로세스를 진행하는 동안 늘 '우리의 미션은 무엇인가: 왜, 무엇을 위해 존재하는가?'란 핵심 질문을 맨 앞에 두어라. 한 단계씩 나아가는 동안 조직이 직면한 도전과 기회를 분석하고, 고객을 규명하고, 고객이 가치 있게 여기는 것이 무엇인지 알게 되고, 기대하는 결과를 정의하게 될 것이다. 계획을 수립할 시점에 이르면, 지금까지 습득한 모든 것을 고려하여 미션을 바꿀지 말지를 재검토해야 한다.

자가진단을 시작할 때, 17세기의 위대한 시인이자 종교 철학자인 존 던John Donne이 설교 중에 했던 다음과 같은 멋진 문장을 떠올리기 바란다. "영원에 도달하기 위해 내일부터 시작하자고 말하지 마라. 작은 걸음으로는 영원에 이를 수 없다."

장기적인 안목으로 시작하고 '오늘 우리가 하는 일은 무엇인가?'란 질문을 던짐으로써 계속 피드백을 해야 한다. '미션 선언문이 얼마나 근사한가'로 미션을 평가해서는 안 된다. 성과야말로 좋은 미션인지 아닌지를 최종적으로 평가하는 잣대다.

INSIGHT 1

변 하 지 말 아 야 할 것 과
변화를 위해 열려 있어야 하는 것

짐 콜린스
Jim Collins

우리 시대의 가장 뛰어난 경영 사상가 중 한 사람이다. 그는
영속적인 위대한 기업의 비밀을 배우는 '학생'이자 그 비밀
을 가르치는 '스승'으로서, 위대한 기업이 어떻게 성장하는
지, 어떻게 비범한 성과를 달성하는지, 좋은 기업이 어떻게
위대한 기업으로 발돋움할 수 있는지 잘 알고 있다. 경영 분
야의 고전인『좋은 기업을 넘어 위대한 기업으로』,『성공하는
기업들의 8가지 습관』의 저자다. www.jimcollins.com

'우리의 미션은 무엇인가? 왜, 무엇을 위해 존재하는가?' 이 질문은 아주 간단하지만, 위대한 조직 내에 존재하는 본질적인 긴장감, 즉 지속하려는 관성과 변화하려는 힘 사이의 동적인 상호작용의 핵심을 파고드는 질문이다.

진정으로 위대한 조직들은 핵심적인 것들을 유지하면서 동시에 진보를 추구하는 특성을 보여준다. 한편으로는 핵심가치와 본질적인 목적(즉, 핵심 미션)과 같이 시간이 흘러도 거의 변함이 없거나 절대 변하지 않는 것들을 따르지만, 다른 한편으로는 변화, 개선, 혁신, 부흥 등과 같은 진보를 꾀한다. 환경 변화에 대응하기 위해 업무 관행, 문화적 규범, 전략, 전술, 프로세스, 조직 구조, 방법들은 끊임없이 변화시켜도 핵심 미션은 바뀌지 않고 유지한다.

변화에 있어 가장 놀라운 패러독스는 변화하는 세계에 누구보다 잘 적응하는 조직들이 '바뀌지 말아야 할 것들'을 잘 안다는 사실이다. 그들은 모든 것들을 더 용이하게 변화시킬 수 있는 곳에 기본 수칙이라는 확고한 닻을 내려놓는다.

그들은 진정으로 신성불가침적인 것과 그렇지 않은 것 간의 차이, 변하지 말아야 할 것과 항상 변화를 향해 열려 있어야 하는 것 간의 차이, 그리고 표방하는 것과 실제로 일하는 방식 간의 차이를 잘 안다.

드러커가 말했듯이 미션은 조직을 한데 묶는 접착제이기도 하지만, 동시에 조직을 확장하고 분권화하며 세계화하고 다양성을 확보하는 힘으로도 작용한다. 미션은 나라 없는 실향민이 되어 수백 년 동안 뿔뿔이 흩어져 살았던 유태인들을 한데 묶어준 유대교의 원칙과 유사하다고 볼 수 있다. 혹은 미국 독립 선언문에 자명하게 드러나는 진실 속에서도, 지식의 진보라는 공동 목표를 가지고 여러 국적의 과학자들이 연대한 과학 공동체의 변치 않는 이상 속에서도 미션의 예를 엿볼 수 있다.

핵심 미션은 해야 할 것뿐만 아니라 '하지 말아야 할 것'에 대해서도 가이드한다. 많은 리더들은 세상을 위해 좋은 일을 하고 있다는 자부심을 가지고 있다. 하지만 최고의 헌신을 하려면 가혹할 정도로 미션에 부합되는 일에만 초점을 맞출 필요가 있다. 최고를 이루려면 제 위치를 벗어나게 만드는 압력에 '노!'라고 말해야 하고 미션에 부합하지 않는 것들을 중단시키는 엄정한 규율이 있어야 한다.

프랜시스 헤셀바인은 미국의 걸스카우트 연맹을 이끄는 동안 "우리는 오직 하나의 이유로 이곳에 모였습니다. 여자아이들이 자신들의 잠재력을 최상으로 끌어올리도록 돕는 것이죠"라고 조직의 간명한 주문을 외치고 다녔다. 그녀는 회원들에게 진정으로 도움이 되는 가치를 주는 활동만을 수행하도록 걸스카우트를 엄격하게 이끌었다. 모자선단체가 걸스카우트 연맹을 찾아와 걸스카우트 소녀들이 가가호호 방문하여 기부금을 모금하는 이벤트를 함께 진행하면 어떻겠냐는 제안을 했던 적이 있다. 헤셀바인은 새로운 시도라는 점에서 그 단체의 뜻을 칭찬했지만 정중하면서도 단호하게 제안을 거절했다. 일생에 한 번뿐인 기회라고 해서(즉 이제껏 없던 기금 모금의 기회라고 해서) 반드시 받아들여야 할 까닭은 없다. 커다랗고 매력적인 기회라 해도 미션에 부합하지 않으면 그에 대한 답변은 반드시 "고맙습니다. 하지만 사양하겠습니다"가 되어야 한다.

'우리의 미션은 무엇인가? 왜, 무엇을 위해 존재하는가?'라는 질문은 세상이 각박해지고 급변할수록 더 중요해지고 있다. 세상이 어떻게 변하든지 간에 사람들은 여전히 자부심을 느낄 수 있는 무언가에 소속되고 싶은 본질적인 욕구를 가지고 있다. 자신들의 삶과 일에 의미를 주는 가치와 목적의식에 대해서도 근본적인 욕구를 품고 있다. 다른 사람들과 연대하여 믿음과 영감의 공감대를 나누고 싶은 욕구도 존재한다. 또한 어둡고 각박한 시대를 지키고 서 있는, 저 언덕 위의 신호등과 같은 '지도 철학 guiding philosophy'을 간절히 원한다. 과거의 어느 때보다 사람들은 책임을 수반하는 자유, 즉 '운영의 자율권'을 희망할 것이고, 동시에 자신이 속한 조직이 무언가를 '상징하도록' 바랄 것이다.

INSIGHT 2

개인의 성공을 위해서도 중요한 드러커의 위대한 질문

마셜 골드스미스, 켈리 골드스미스
Marshall and Kelly Goldsmith

마셜은 리더십 분야의 세계적인 권위자다. 2013년 '경영학계의 노벨상'이라 불리는 '씽커스50'이 선정한 '세계에서 가장 영향력 있는 리더십 사상가 1위'로 선정된 최고의 비즈니스 코치이기도 하다. 『트리거』 『모조』 등 34권의 서적을 집필 및 편집한 베스트셀러 작가다. 켈리는 마셜 박사의 딸이다. 예일 대학교에서 박사 학위를 받고 켈로그 경영대학원의 마케팅 담당 교수로 재직 중에 있다. 고객의 구매 의사결정을 주요 연구 주제로 삼고 있다. www.marshallgoldsmithlibrary.com

'우리의 미션은 무엇인가? 왜, 무엇을 위해 존재하는가?'란 질문은 조직에서 매우 자주 이야기되는 반면, 개인에 대해서는 그렇지 못한 것이 사실이다. 나(마셜)는 피터 드러커를 만난 사리에서 이런 질문을 던진 적이 있다.

"당신은 여러 조직들이 자신들만의 미션을 수립하도록 평생 도움을 주었습니다. 그런데 당신의 미션은 무엇입니까?"

그는 대답했다. "저의 미션은 개인이든 조직이든 자신들의 목표를 달성하도록 돕는 것입니다." 그는 웃으며 이렇게 덧붙였다. "그들이 부도덕하거나 비윤리적이지 않다는 가정 하에서 말입니다."

최근에 우리(마셜과 켈리)는 조직 구성원으로서 삶의 만족과 개인으로서 삶의 만족 차원에서 '행복'과 '의미'의 관계에 관해 대규모 연구를 완료했다. 우리가 이 연구로 얻은 교훈은 개인적 미션을 결정할 때 행복과 의미 모두를 확실하게 고려할 필요가 있다는 것이다.

우리가 정의하는 '행복'이란 어떤 일의 결과와 상관없이 일을 하는 과정에서 얻는 개인적인 즐거움 그 자체를 말한다. 다시 말해, 행복감이 충만하다는 것은 당신이 하는 일을 사랑한다는 뜻이다.

우리는 일의 결과에 부여하는 가치를 '의미'라고 본다. 의미를 충만하게 느낀다는 것은 당신이 하는 일의 결과가 중요하다고 깊게 믿는다는 뜻이다.

우리는 사람들에게 각자 생각하는 행복과 의미의 정의가 무엇인지 물어봤는데, 방금 우리가 언급한 정의가 실은 그저 우리만의 생각이란 걸 알게 되었다. 사람들은 자신에게 중요한 것을 토대로 제각기 정의를 내렸다. 모든 조직의 '미션'이 다르듯이, 개인들 역시 각자 생각하는 가치는 다 다를 것이다.

누구도 무엇이 당신을 행복하게 만드는지 알려줄 수 없고, 누구도 무엇이 당신에게 의미 있는 것인지 말해줄 수 없다. 해답은 각자의 가슴 속에서 나와야 한다.

연구를 통해 우리는 직장과 가정에서 삶의 만족도를 끌어올리는 유일한 방법은 행복과 의미를 동시에 경험할 수 있는 여러 활동에 참여하는 것임을 알게 됐다.

'재미는 있지만 의미가 적은' 오락 활동에 많은 시간을 투입한다고 말한 참가자들은 자신의 삶이 피상적이라고 느끼는 경향을 보였다. 그들은 직장에서도 집에서도 자신의 삶에 그다지 만족하지 못했다. 우리는 직장에서 이런 현상이 나타난다는 사실에는 별로 놀라지 않았지만, 가정에서도 비슷하다는 사실에는 조금 놀랐다. 이것은 재미에 지나치게 집착하는 것이 오히려 해가 될 수도 있음을 뜻한다.

'재미는 없지만 의미 있는' 활동에 많은 시간을 쏟는다고 대답한 참가자들은 본인이 마치 순교자가 된 듯한 기분을 느낀다고 말했다. 자신이 하는 일이 중요하다고 믿었지만 그들은 직장에서나 가정에서나 자신의 삶에 행복을 느끼지 못했다.

우리 연구에서 직장에서나 가정에서나 지속적으로 삶에 높은 만족감을 느낀다고 답한 유일한 참가자 그룹은 '행복과 의미를 동시에 제공하는 활동'에 대부분의 시간을 쓴다고 말한 사람들이었다.

드러커는 이런 관점에서 볼 때 완벽한 사례다. 그는 자신의 일을 사랑했고 은퇴에 관심이 별로 없었다. 그는 자신의 일을 통해 행복을 느꼈다. 또한 그는 자신의 일이 중요하다는 사실을 알고 있었다. 일을 통해 의미를 얻었던 것이다. 인생에서 행복과 의미를 동시에 얻는 것은 최상의 경험이라고 말할 수 있다.

그렇다면, 개인적 미션을 수립함에 있어 드러커가 당신에게 말하는 것은 무엇일까?

1. 당신 스스로 개인적 미션을 명확하게 설정하라.

드러커는 항상 미션은 짧고 명료해야 하고 티셔츠를 입는 것만큼이나 쉬워야 한다고 말했다.

2. **당신에게 중요한 것이 미션 달성에 성공할 때 얻게 되는 결과여야 한다는 점을 명심하라.** 당신의 내면을 들여다보라. 당신에게 진정으로 중요한 것을 실행에 옮겨라.

3. **미션 달성의 과정이 당신이 좋아하는 것들로 채워져야 한다는 점도 염두에 두어라.** 인생은 짧다. 순교자가 되는 것이 당신의 목표가 아니라면 당신을 행복하게 만드는 것을 행하라.

4. **드러커가 준 또 하나의 위대한 조언은 당신이 시간을 어떻게 쓰는지 분석해야 한다는 것이다. 행복과 의미를 동시에 경험할 수 있는 시간을 최대화하라.** 극단적으로 말해 행복과 의미를 동시에 경험하지 못하는 활동이라면 제거하라.

'당신의 미션은 무엇인가? 왜, 무엇을 위해 존재하는
가?'라는 위대한 질문은 조직의 성공에도 매우 중요하지
만, 개인의 성공을 위해서 훨씬 더 중요하다!

CASE 1

예상할 수 없는 방향으로 바뀌는 우리의 여정과 항상 함께하는 것

마이클 래드파르바르
Michael Radparvar

브루클린에 본거지를 둔 홀스티Holstee의 공동 창업자다. 홀스티는 버려진 비닐과 폐지로 지갑을 만드는 업사이클링 기업이다. 사람들 각자의 소중한 추억을 오래 간직할 수 있도록 돕는 제품과 경험을 판매한다. 그는 홀스티의 '최고 스토리텔러'로서 재료, 디자인, 생산에 관한 혁신적인 접근방식을 전 세계와 공유하고 있다. 공동 창업자 데이비드 래드파르바르David Radparvar와 파비안 포르트뮐러Fabian Pfortmüller와 함께 자신들 세대의 상징적 브랜드가 되겠다는 가치를 지향하고 있다. www.holstee.com

2009년 봄에 내 동생 데이비드는 파비안과 나를 찾아와 한 가지 제안을 했다. 시간이 걸리더라도 우리에게 가장 중요한 것이 정확히 무엇인지 언어로 나타내야 한다는 제안이었다. 당시 홀스티는 설립된 지 고작 3주밖에 지나지 않은 터라 해야 할 일이 엄청나게 많았고, 공교롭게도 우리 세대가 경험하는 최악의 불황 한가운데 위태롭게 놓여 있었다. 그래도 우리는 언어로 표현된 가치들이 홀스티라는 배를 타고 항해하는 동안 우리에게 도움을 줄 것이라고 직감했다. 햇병아리 회사로서 해야 할 일들이 아주 많았지만 우리는 데이비드의 제안에 어떠한 반문도 제기하지 않았다.

우리는 먼저 '미래의 우리'에게 전하고 싶은 중요한 메시지라면 무엇이든 써보기로 했다. 이런 과정이 비재무적인 용어로 성공을 정의할 수 있는 가장 좋은 기회라는 점에 우리는 동의했다. 우리는 사랑, 음식, 여행, 관계, 소망, 꿈 등 우리에게 가장 중요한 가치들을 정리하며 종이에

써내려갔다. 그리고 사람들이 절대 모를 리 없는 장소에 그것을 게시하기로 했다. 그 장소는 바로 웹사이트의 회사 소개 페이지였고, 우리는 그것을 '선언문'이라고 불렀다.

그 후 몇 개월이 지나고 또 몇 년이 흐르는 동안 이 선언문은 항상 예상할 수 없는 방향으로 바뀌는 우리의 여정을 함께하고 있다. 우리의 성명서는 온라인상에서, 그리고 세계적으로 가장 활발하게 공유되는 이미지 중 하나가 되었고 주고받기 좋게 활자로 인쇄돼 배포되기까지 했다. 우리 회사의 미션 선언문이 된 그 내용의 전문은 다음과 같다.

"이것이 당신의 인생이다. 당신이 사랑하는 일이 있다면 자주 그것을 하라. 마음에 들지 않는 일이 있다면 바꿔라. 직업이 마음에 들지 않는다면 그만둬라. 시간이 충분하지 않다면 텔레비전을 꺼라. 삶의 반려자를 찾아 헤매고 있다면 멈춰라. 당신이 사랑하는 일을 시작할 때 그들은 당신을 기다리고 있을 것이다. 지나친 분석은 그만둬

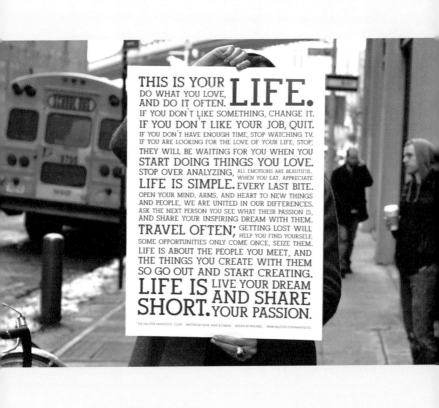

라. 삶은 단순하다. 모든 감정은 아름답다. 음식을 먹을 때는 마지막 한 입까지 감사하라. 새로운 일, 새로운 사람들에게 마음과 두 팔, 가슴을 열어라. 우리는 서로의 다름 안에서 하나로 이어져 있다. 옆에 있는 사람에게 열정에 대해 묻고 당신의 꿈과 영감을 그들과 함께 나눠라. 자주 여행하라. 길을 잃는 것이 너 자신을 찾도록 해줄 것이다. 어떤 기회는 단 한 번만 온다. 그것을 붙잡아라. 인생은 당신이 만나는 사람들과 당신이 함께 만들어가는 것이다. 그러니 나가서 그 창조적인 일을 시작하라. 인생은 짧다. 당신의 꿈을 살고, 당신의 열정을 나눠라."

《워싱턴포스트》는 이 성명서를 일컬어 새로운 세대를 위해 만들어진 "일단 해봐Just Do It"와 같다고 언급했다('Just Do It'은 나이키사의 유명한 광고 슬로건이다). 이 선언문의 핵심 메시지, 즉 홀스티가 '존재하는 이유'는 우리에게 중요한 것이 무엇인지 매우 간단하게 전달한다. 우리에게 이 선언문은 세상 그 무엇보다 소중하다.

WHO IS OUR
CUSTOMER?

반드시
만족시켜야 할
대상은 누구인가?

당신이 제공하는 가치를
인정하고, 원하며, 중요하다고 느끼는 사람

· 1차고객은 누구인가?
· 지원고객은 누구인가?
· 고객은 어떻게 변화할 것인가?

일반 기업에서는 '고객'이란 단어가 익숙하지만, 그 외의 다른 조직, 이를테면 비영리 조직이나 사회단체와 같은 조직에서는 '고객'이란 단어를 거의 쓰지 않는다. 비영리 조직의 리더들은 이렇게 말하곤 한다.

"우리에겐 고객이 없습니다. 고객이란 단어는 마케팅 용어니까요. 우리에겐 의뢰인, 수혜자, 환자들이 있습니다.

관객과 학생도 있고요."

논란을 유발시키는 고객이란 용어를 사용하는 대신 나는 이렇게 묻는다.

"조직이 결과를 달성함으로써 반드시 만족시켜야 할 대상은 누구입니까?"

이 질문에 답할 수 있다면, 당신이 제공하는 서비스의 가치를 인정하고 원하며 중요하다고 느끼는 사람, 즉 '고객'을 정의할 수 있을 것이다.

조직에는 두 가지 유형의 고객이 존재한다. 조직의 활동을 통해 삶이 변화되는 사람들을 '1차고객Primary Customer'이라 부른다. 조직이 효과적으로 활동하려면 집중이 필요하다. 이 말은 '우리의 1차고객은 누구인가?'란 질문에 답해야 한다는 뜻이다. 너무나 많은 것을 추구하다 보면 에너지가 소진되고 성과가 창출되기 어렵다.

1차고객만이 유일한 고객은 아니다. 또한 다른 고객들은 무시한 채 하나의 고객만 만족시키는 것을 성과라고 말하기 어렵다. 이렇게 말하면 1차고객이 하나가 아니라 그 이상 존재해야 한다고 생각하겠지만, 효과적으로 운영되는 조직들은 하나의 1차고객에게 집중할 줄 안다.

'지원고객Supporting Customer'이란 직원, 회원, 파트너, 중개자, 기부자, 자원봉사자 등을 말하며 역시나 당신의 조직이 만족시켜야 할 대상이다.

이들 지원고객들은 당신의 조직에게 '노!'라고 말할 수 있고, 조직이 제공하는 것을 수용하거나 거부할 선택권을 가지고 있다. 지원고객을 만족시키려면 그들에게 의미 있는 활동 기회를 제공해야 하고, 결과 달성을 위한 방향성을 제시해야 하며, 공동체의 요구를 충족시키기 위해 힘을 결집시켜야 한다.

중대한 결정의 기준점,
1차고객을 정의하라

복잡한 상황 속에서 1차고객을 규명하고 그들에게 집중했던 좋은 사례를 한번 들어보려고 한다.

중간 규모의 어느 비영리조직은 '사람들의 경제적, 사회적 자립을 향상시킨다'라는 미션을 가지고 있었다. 그들은

4개의 분야에서 25개의 프로그램을 운영하고 있었지만, 35년 동안 오직 하나의 1차고객, 즉 '여러 장애로 취업이 힘든 사람'에게만 집중해왔다.

초창기에는 신체적으로 장애를 가진 사람들이 1차고객이었다. 지금도 신체장애자들이 1차고객이긴 하지만, 그들 외에도 생활보호대상에서 벗어나고자 하는 싱글맘, 해고된 고령 노동자, 공동생활을 하는 만성 정신질환자, 장기적인 약물 의존 상태에서 벗어나려는 사람들도 1차고객으로 포함되었다.

1차고객이 여럿으로 늘어난 것 같지만 잘 들여다보면 그들 모두 '여러 장애로 취업이 힘든 사람'이라는 하나의 1차고객으로 분류할 수 있다. 이 조직에서 실시되는 모든 프로그램의 결과들은 고객이 얼마나 생산 활동을 확보하고 유지하고 있는가로 측정된다.

1차고객이 반드시 직접 만나서 나란히 앉아 이야기를 나눌 수 있는 대상일 필요는 없다. 1차고객은 말하지 못하는 유아일 수도 있고 멸종 위기에 처한 종(種)이거나 미래 세대일 수도 있다. 그들과 직접 대화를 나눌 수는 없더라도, 1차고객을 정의하면 우선순위를 정할 수 있을뿐더러 조직의 가치에 대한 중대한 결정을 내릴 때 기준점을 얻을 수 있다.

지원고객을 만족시키고 끌어들여라

미국의 걸스카우트 연맹은 세계에서 가장 큰 여성 단체로, 1차고객인 '소녀들'에게 집중하면서도 시대에 따라 변화하는 많은 지원고객들을 만족시키고 있는 대표적인 비영리조직이라 할 수 있다.

걸스카우트는 언제나 미국의 모든 소녀들에게 동등한 기회를 주는 것을 우선시하고 있다. 이것은 걸스카우트 창립자가 "나는 모든 소녀들에게 줄 것이 있다"라고 말했던 1912년 이래로 변하지 않는 가치이기도 하다.

1976년부터 1990년까지 걸스카우트 연맹의 회장으로 재직했던 프랜시스 헤셀바인은 나에게 이렇게 말한 적이 있다.

"우리는 앞으로 미국 내 소수인종이 전체 인구의 3분의

1을 차지할 거라는 예측에 주목하고 있습니다. 많은 사람들이 소수인종의 유입과 증가가 어떤 상황을 초래할지, 미래를 걱정하고 있죠. 하지만 우리는 그런 변화가 오히려 예전에 없던 기회라고 보고 있습니다. 누구보다 어려운 성장기를 보내고 있는 여자 아이들에게 더 많은 프로그램을 제공할 수 있을 테니 말입니다."

이처럼 1차고객의 특성이 변화할 때 그들에게 접근하려면 지원고객에 대한 새로운 시각이 필요하다. 헤셀바인의 이야기를 더 들어보자.

"걸스카우트단이 없는 공영주택단지에는 우리의 프로그램이 절실한 수백 명의 어린 소녀들도 있고 또한 자녀들에게 뭔가 더 나은 것을 주고 싶어 하는 부모들이 있습니다. 모든 인종과 모든 계층의 여자 아이들에게 다가가려면 각 집단의 독특한 니즈, 문화, 준비 상태를 이해하는 일이 중요합니다. 우리는 학부모들, 주택단지 관리자, 성직자와 같은 여러 지원고객들과 함께 일합니다. 현장에서 리더를 선발해서 훈련시키기도 하죠. 그러려면 무엇보다 그 집단을 존중해야 하고 그들에게 관심을 쏟아야 합니다. 또한 학부모들에게는 우리 프로그램이 자신들의 딸에게 긍

정적인 경험을 선사할 것이라는 점을 반드시 납득시켜야
합니다."

고객은 결코 고정된 대상이 아니다

당신이 종사하는 집단의 고객 규모는 더 커질지도 모르고, 반대로 작아질 수도 있다. 그들의 니즈, 요구, 꿈은 계속 진화를 거듭할 것이다. 고객은 결코 고정된 대상이 아니다.

결과를 달성하려면 지금까지의 방식을 버리고 완전히 새로운 방식으로 고객들을 만족시켜야 할지 모른다. 또한 더 이상 서비스를 제공하지 말아야 하는 고객도 생긴다. 그 서비스로부터 기대했던 결과가 나오지 않았을 경우, 서비스가 더 절실하게 필요한 다른 곳이 있을 경우, 조직이 집중해야 할 곳에 집중하기 위해서는 상황의 변화에 따라 '우리의 고객'에 대한 정의도 다시 내려야 하는 것이다.

'우리의 고객은 누구인가? 반드시 만족시켜야 할 대상

은 누구인가?'란 질문에 답한다면, 우리가 집중해야 할 고객이 소중하게 여기는 것이 무엇인지 파악할 수 있고, 결과가 무엇이 되어야 하는지 규정할 수 있으며, 계획을 발전시키기 위한 토대를 마련할 수 있을 것이다.

물론 모든 것을 신중하게 고려한다 해도 고객을 완전히 파악하기는 쉽지 않은 일이다. 그렇기 때문에 늘 조정할 준비를 해야 한나.

내 친구 중 목사가 있는데, 그는 자기 교회의 새로운 프로그램을 소개하며 이렇게 말한 적이 있다. "훌륭하지 않아? 신혼부부를 위해 환상적인 프로그램이라고!" 실제로 그 프로그램은 성공적이었다. 하지만 기획과 운영을 담당했던 젊은 부목사는 단 한 쌍의 신혼부부도 프로그램에 등록하지 않았다는 사실을 발견하고 놀랄 수밖에 없었다. 프로그램에 등록한 참가자들은 죄다 결혼을 할지 말지 고민하는 젊은 동거 커플들이었으니 말이다. 담임 목사인 내 친구는 곤혹스러워 했다. 그 젊은 부목사가 동거 커플들이 프로그램에 등록한 것을 못마땅해 하며 "우리는 동거 커플을 위해 이 프로그램을 시작한 게 아닙니다"라고 분개했기 때문이었다.

고객들은 종종 당신보다 한 발 앞서간다. 그런 고객을 이해해야 하며 가능한 한 재빨리 파악해야 한다. 고객들은 끊임없이 변하기 때문에 '우리의 고객은 누구인가? 반드시 만족시켜야 할 대상은 누구인가?'란 질문을 되풀이해서 던져야 한다.

항상 기본과 본질에 충실한 결과를 추구하는 조직이라면 고객의 변화에 발맞추어 적응하고 변화할 것이다.

INSIGHT 3

최고의 기업은 고객을 창조하지 않는다, 그들은 팬을 창조한다

필립 코틀러
Philip Kotler

노스웨스턴 대학교 켈로그 경영대학원 석좌교수이자 '마케팅의 아버지'라 불리는 마케팅의 대가다. 단순 판매기법이었던 마케팅을 경영과학으로 끌어올리며 전 세계 경영대학원에서 마케팅 교과서로 가장 많이 사용하고 있는 『마케팅 원리』, 『마케팅 관리론』 등 다양한 마케팅 관련 서적을 저술했다. 《하버드비즈니스리뷰》 등의 주요 서널에 130편이 넘는 논문을 기고해왔고, 세계적인 기업들을 대상으로 마케팅 전략과 계획 수립, 마케팅 조직, 국제 마케팅 등에 관해 컨설팅을 해왔다. www.kotlermarketing.com

피터 드러커는 40여 년 전에 이미 "기업의 목적은 고객을 창조하는 것이다. 고객이 유일한 수익원이다"라고 역설한 바 있다. GE의 CEO였던 잭 웰치Jack Welch 역시 직원들에게 "아무도 여러분의 직장을 보장할 수 없습니다. 고객만이 여러분의 직장을 보장해줍니다"라고 말했다.

고객이 매우 많은 정보를 소유하고 실시간으로 의견을 교환하는 인터넷 시대에 이르러서야 기업들은 어느새 고객이라는 새로운 '보스'를 모시게 됐음을 깨닫고 있다. 어느 통찰력 있는 포드Ford의 임원은 이렇게 말한 적이 있다. "고객 지향의 회사가 되지 못한다면 우리가 만든 자동차는 고객의 선택을 받지 못할 것이다."

만약 피터 드러커가 살아 있다면 자신의 말을 이렇게 수정하지 않을까? "최고의 기업은 고객을 창조하지 않는다. 그들은 팬을 창조한다." 아마도 그는 금년에 이익이 좋아졌는지를 따지는 것보다 고객의 생각과 마음을 얼마나 점유하고 있는지를 체크하는 것이 더 중요하다고 말할 것 같다.

고객이 누구인지 잘 이해하는 것, 이것이 기업의 임무다. 고객이 우리 회사를 알게 되면 우리 상품을 선택할 거라고 기대하는 것은 낡은 생각이다. 우리 회사가 우리의 고객을 선택한다는 것이야말로 새로운 생각이다. 심하면 특정 고객과의 거래를 거부할 수도 있는 것이다. 사업이란 모든 사람을 만족시키는 게 아니라 '목표고객Target Customer'을 깊이 만족시키는 것에 달려 있다.

그러므로 첫 번째로 해야 할 일은 목표고객을 정의하는 것이다. 목표고객을 어떻게 정의하느냐에 따라 상품의 디자인과 특성, 유통 채널 선택, 메시지 전달, 매체 선택, 가격 결정 등이 영향을 받는다.

고객을 정의하기 위해서는 고객의 구매 프로세스를 폭넓게 바라봐야 한다. 무언가를 구매할 때는 여러 '역할 수행자'들이 작용한다.

자동차 구매를 예로 들어보자. 나에게 '자극을 준 사람Initiator'은 신형 자동차를 자랑하는 친구일 수 있고, 어떤

차를 골라야 하는지 고민할 때 '영향을 준 사람Influencer'은 10대 아들일 수 있고, '결정을 내린 사람Decider'는 아내이고 '구매를 한 사람Buyer'은 남편일지 모른다.

마케팅 담당자의 임무는 이러한 역할들을 파악하고 최종 결정에 가장 큰 영향력을 행사하는 사람에게 접근하기 위해 제한된 마케팅 자원을 활용하는 것이다. 마케팅 담당자와 영업 담당자에게는 의사결정 과정에 참여하는 다양한 역할 수행자들의 인식, 선호도, 그리고 그들이 추구하는 가치를 구조화하는 스킬이 필요하다.

많은 기업들은 고객과의 거래와 만남을 통해 다양한 정보를 수집하기 위해 '고객관계관리Customer Relationship Management, CRM'를 채택했다. 예를 들어, 대부분의 제약회사들은 의사 개개인이 추구하는 가치와 선호도에 관해 심도 있는 정보를 보유하고 있다. 그러나 그러한 정보만으로는 충분하지 않다는 점을 점차 인식하게 되었다. 그 정보는 '고객 경험Customer Experience'의 질을 담지 못하기 때문이다. 그저 고객 관련 데이터를 관리한다고 해서 고객이 그 기업에 만족하고 있는지는 확실하게 알 수 없을 테니 말이다. 중국에는 이런 속담이 있다. "미소 지을 준비가 되어 있지 않다면, 가게 문을 열지 마라."

결국 누가 우리의 목표고객인지, 누가 그리고 무엇이 목표고객에게 영향을 끼치는지, 어떻게 최상의 고객 경험을 선사하는지에 관한 지식을 마스터해야 한다. 오늘날의 고객들은 점점 더 관계가 아니라 가치를 따져보고 구매한다는 점을 인정해야 한다. 고객의 성공을 위해 얼마나 기여했는가가 결국 당신과 당신 조직의 성공을 결정한다.

"

우리는 모두 함께 오른다!

우리가 고객의 문제를 해결하면

고객은 더 높이 오르고,

고객이 더 높이 오르면

우리 역시 더 높이 오른다.

의심할 여지는 없다.

"

INSIGHT 4

모든 의사결정의 중심에
고객을 올려놓아라

라그후 크리슈나무르티
Raghu Krishnamoorthy

제너럴 일렉트릭GE에서 글로벌 인재 관리, 교육 및 개발, 크로톤빌Crotonville 리더십개발센터를 책임지고 있다. 그는 2009년부터 2013년까지 200억 달러 매출 규모의 GE 항공에서 인사 담당 부사장을 역임했다. 그전에는 GE 본사의 광고 및 홍보 조직을 이끄는 인적자원 책임자로서 회사의 글로벌 홍보 역량 향상에 기여했으며, GE의 광고자문위원회 멤버이기도 했다. www.ge.com

2014년 7월,《블룸버그 비즈니스위크》노동 섹션의 한 쪽 구석에 「우버Uber: 많은 도시들이 '즐겨 미워하는' 기업」이란 기사가 실렸다. 우버는 상대적으로 신생기업이지만, 전 세계 수많은 도시에서 이미 잘 운영되는 택시 운송 비즈니스 모델의 직접적인 경쟁자다.

우버는 가축 운반차와 다를 바 없는 인테리어, 비싼 요금, 신용카드 결제 시 추가요금 등의 횡포를 부리며 오래도록 택시가 차지해온 근거지를 흔들어대는 업체가 되었다. 우버와 택시 중 무엇을 택하겠냐고 묻는다면 답은 뻔하다. 우버 앱을 사용하면 프로처럼 보이는 운전사와 깨끗한 자동차를 언제나 부를 수 있고 신용카드로 요금을 결제할 수 있다. 팁을 줄 필요 없이 예상 가능한 금액으로 안락하고 안전하며 믿음직한 서비스를 경험할 수 있다. 물론 전통적인 택시 운전사들이 분노를 표하고 있고 몇몇 도시에선 순조롭게 돌아가는 일상의 평범함을 위협한다는 이유로 우버를 금지시키기도 했다.

그러나 고객에게 물어보면, 우버에게 '충성하겠다'라고 말할 것이다. 고객은 편리함, 서비스 품질, 고충 없는 편안함, 예상 가능성 등 우버가 제공하는 서비스의 특성들을 매우 좋아한다. 상황이 이러한데 왜 고객이 우버를 이용해서는 안 되겠는가?

《블룸버그 비즈니스위크》에 실린 당시의 기사는 우버의 시장가치가 170억 달러에 달한다고 밝혔다. 피터 드러커가 말하듯이 "고객을 창조하는 것이 비즈니스의 목적이라면" 우버야말로 표적에 정확히 명중시킨 기업이다. 사실 우버는 고객이 아니라 팬을 창조한 셈이다.

우버, 에어비앤비Airbnb, 렌트더런웨이Rent the Runway, 아마존닷컴amazon.com, 구글Google, 페이스북Facebook은 모두 어떻게 고객 우선주의가 비즈니스 모델의 일부가 아니라 비즈니스 모델 자체가 되는지를 보여주는 새로운 시대의 사례들이다. 이들 기업들은 비즈니스의 개념에 엄청난 충격을 가하고 있다. 이 정도만 말해도 충분하지 않을까 싶다.

만약 드러커가 지금 살아 있다면, 아마도 그는 데자뷔를 경험할지도 모르겠다! 고객이 비즈니스 전략의 중심에 있다고 처음 주장했던 때부터 그는 시대보다 항상 앞서 나갔다. 주주 가치 창조가 비즈니스 모델의 목적이라는 관점이 지배하던 시기에 그는 조직이 추구하는 목적의 중심에 고객이 있어야 한다고 주장하는, 선지자적인 사람이었다. 이제 그의 철학은 당연하게 받아들여진다.

크든 작든, 오래되었든 신생이든, 세계적이든 지역적이든 간에 기업들은 고객에게 복무하고 고객이 원하는 가치를 제공하는 것이 자신들의 비즈니스라고 생각해야 한다. 주주 가치를 포함한 기타 모든 것들은 그 본질적 진실(고객이 비즈니스의 중심이라는 것)의 결과이고 파생물이다. 결국 놀랍게도 드러커는 과거보다 오늘날에 더 어울리는 인물이다. 우리가 밀레니얼 세대의 의미를 알기도 전에 그는 사고방식 차원에서는 이미 밀레니얼 세대였다.

흥미로운 점이 하나 있다. 사람들이 드러커의 생각을 따라가는 데 너무 버거워 했기에 그는 고객에만 스포트라이트를 집중하지 않았다. 그는 고객이라는 개념은 정적인 것이 아니라고 줄곧 경고했다. 그리고 기업들은 시간이 흐를수록 더욱 다양해지는 고객의 니즈, 욕구, 기대감에 대비할 필요가 있다고도 말했다. 그러므로 격변하는 고객의 세상에서 기업의 성공은 고객의 성공에 얼마나 기여하느냐로 결정된다고 그는 주장했다.

이토록 역동적인 고객의 세상에서 고객과 긴밀히 리듬을 맞춰가는 것은 기업의 생존에 중요한 열쇠다. 그렇지 못하면, 무관심의 대상이 되고 결국엔 시장에서 퇴출되는 위험에 처할 것이다.

GE는 역사가 130년 이상인 기업이다. 최초부터 지금까지 다우존스 지수에 올라 있는 유일한 기업이기도 하다. GE는 그 긴 역사 내내 성공적으로 변모하며 늘 젊음과 참신함을 유지했기 때문에 여전히 의미 있는 기업으로 남아 있다. GE의 창업자인 토마스 에디슨Thomas Edison은 전구와 같은 수많은 발명품을 발명했을 뿐만 아니라 말 그대로 '발명 그 자체를 발명한' 사람이다.

어떤 기업도 제품만 가지고는 살아남을 수 없다. 제품을 둘러싼 조직의 프로세스를 지속적으로 발명하고 혁신해야 생존할 수 있다. 어떤 면에서 21세기의 가장 위대한 발명은 제품이나 기술에 관한 것이라기보다 가치를 고객에게 전달하기 위해 조직을 체계화하는 방법에 관한 것이 아닐까 한다. GE에서는 고객의 니즈를 항상 충족시키기 위해 조직의 이미지를 새롭게 그리고 조직을 다시 구축해 나가는 것이 DNA의 일부가 되었다. 다시 말해, GE는 항상 드러커의 조언인 '계획적인 폐기'를 추구함으로써 진화해왔다.

드러커는 "계획은 미래를 조종하기 위한 것이 아니다. 계획은 불확실성에도 불구하고 '어디에 있고 싶은지' 그리고 '거기에 어떻게 가려고 하는지'를 정의하는 것이다"라고 강조했다.

이 말은 조직의 전략과 방향 설정을 위한 지침이다. 드러커가 역설한 고객의 개념과 관련 내용은 요즘 세상에서 더 많이 이야기되고 있는, 시간이 흘러도 변치 않는 현자의 충고다. 바뀐 것은 현 시대에 발생한 전환과 변화에 기초하여 '거기에 이르는 방법'이다.

파괴적 기술의 등장, 정보의 시대에서 '소셜의 시대'로의 이동, 세대 간 심리적 차이로 이어지는 인구 구조의 급변(베이비부머 세대에서 밀레니얼 세대로의 변화) 등의 전환과 변화는 문서로 잘 정리되어 있고 오늘날 인기 있는 경영이론으로 이야기되고 있다.

우리가 아직 잘 알지 못하는 것은 이 멋진 신세계에 발맞추려면 조직이 어떻게 변화해야 하는지에 관한 것들이다. 그렇다. 우리는 알지 못한다. 우버나 에어비앤비와 같은 기업도 알지 못하고, 구글과 페이스북조차 그렇다. 비록 이 기업들은 새로운 시대의 제품과 서비스를 내놓고 있지만, GE는 그들과 달리 시대의 맥락과 상관없이 성장할 수 있는 역량을 지니고 있다.

GE의 제프리 이멀트Jeffrey Immelt 회장은 거대 기업의 몸에 작은 기업의 마인드를 지니는 방법으로 '단순화'라 불리는 계획을 주도하고 있다. 전구에서 제트 엔진에 이르는 다양한 사업들을 170개 나라에서 벌이면서도 목표고객의 니즈를 정확히 파악하고 어떻게 재빨리 대응할 수 있을지를 알아내는 것이 가장 중요하다. 단순화의 4가지 핵심요소는 다음과 같다.

1. 린 경영Lean Management

이것은 스타트업 기업과 같은 경영방식을 GE와 같은 대기업에 곧바로 심는 것이다. 그러기 위해 민첩하고 날렵하게 움직이고 언제나 실험을 통해 배우고 성장해야 한

다는 마인드로 변화가 필요하다. 린 경영의 핵심은 "우리
는 자원의 투입을 '정당화'할 만큼 이 분야에서 충분히 뛰
어난 결과를 얻을 수 있는가? 그렇지 못하다면 우리는 방
향을 바꿀 수 있는가?"라는 드러커의 질문과 맞닿아 있다.
린 경영은 고객을 모든 의사결정의 중심에 놓으라고 요구
한다. 고객을 단순히 제품과 서비스를 제공받는 자로서가
아니라 프로세스의 참여자로 보라는 것이다. 린 경영을 위
해서는 치열하고 솔직하고 집중하는 열성이 필요하다.

2. 고객 집중

단순화의 요소 중 이것은 고객의 요구에 언제든 '예스!'
라고 말할 수 있어야 한다는 것이다. 언제 어디서나 어떤
방법으로든 고객이 원하는 제품과 서비스를 확실히 전달
하려면 조직을 어떻게 구성해야 하는가? 이뿐만 아니라
고객이 원하는 해결책을 어떻게 예상하고, 분석하고, 제공
해야 목표고객들을 진정으로 기쁘게 만들 수 있는가? 고

객 집중은 조직의 운영모델이 더욱 고객지향적으로 변모
되는 것이고, 제품과 서비스의 접점에서 고객이 최상의 경
험을 누리도록 모든 구성원들과 프로세스가 정렬되는 것
을 의미한다.

고객과의 '진실의 순간'은 조직의 성공을 측정하는 지
표로 해석된다. 제품과 서비스에 관한 데이터는 고객의 니
즈에 단순히 대응하기보다 그 니즈에 앞서 해결책을 제시
하도록 많은 통찰을 발굴할 수 있는 금광과 같은 것이다.
판매 능력, 조직의 운영모델, 성공의 측정 지표, 데이터 활
용 능력들은 GE가 변화의 파도에 올라타도록 계속 교체
되고 있다.

3. 서비스 집중

복잡한 세상에서 사람들은 점점 더 제품을 '목적을 위
한 수단'으로 바라본다. 그 '목적'을 아는 것과 그에 따라
어떤 가치를 제안할 것인지를 규명하는 것이 성공에 대단

히 중요하다.

예를 들어, 사람들은 비행기에 동력을 전달하기 위해 제트 엔진을 구입하지 않는다. 그들은 연료의 효율성을 구입한다. 전구를 사는 것이 아니라 전구의 내구성을 산다. 병원에는 이미 걸린 질병의 치료만을 위해 가지 않는다. 질병을 예방하기 위해서도 간다.

그렇기 때문에 가치는 제품(혹은 서비스)의 관점이 아니라 고객의 마인드로부터 설정돼야 한다. 고객은 무엇을 해결하고 싶은가? 제품 혁신과 함께 제품을 둘러싼 서비스의 혁신을 다채롭게 추진하는 것이 점점 차별화를 형성하는 요소가 되고 있다. 아이튠즈Tunes는 아이팟Pod의 차별화 요소이고, 앱은 스마트폰의 차별화 요소다. 마찬가지로 항공기 경로에 관한 실시간 데이터를 제공하여 뜻밖의 사고를 미연에 방지하는 것은 믿지 못할 정도로 가치 있는 일일 수 있다.

4. 기술

아마도 기술의 경이로운 발전과 활용이 단순화를 위한 가장 큰 지렛대일 것이다. 클라우드 기반 기술, '산업 인터넷(GE가 모든 산업 장비들을 인터넷으로 묶는다는 의미로 '사물 인터넷' 대신 쓰는 용어다)', 사물 인터넷, 적층 가공(additive manufaturing, 3차원 물체를 만들기 위해 원료를 여러 층으로 쌓거나 결합시키는, 3D 프린터가 작동하는 방식을 말한다), 공장 자동화 등의 혁신은 기업이 제품과 서비스를 좀 더 빠르게, 좀 더 스마트하게, 좀 더 저렴하게 만드는 데 사용되는 다양한 도구의 출현을 가능케 했다.

이런 분야에 집중 투자해온 GE는 독특한 가치를 고객에게 전달하고 있다. 예를 들어, 스마트 기기를 통해 리모컨처럼 언제든 켜고 끌 수 있는 LED 전구는 기술을 전통적인 하드웨어와 결합시킨 단적인 예인데, 이것이 없었으면 불가능했을 여러 재미있는 기능과 응용법을 만들어내고 있다.

기업에서 궁극적인 '진실', 즉 궁극적인 측정 지표는 고객에 의해 결정된다. 드러커는 고객 집중이란 개념을 제기한 선구자다. 오늘날 우리는 고객 집중의 유용함을 목격하고 있다. 조직은 '충족되지 않은 니즈'라는 산에 오르기 위해 설립된다. 드러커가 바로 보았듯이, 궁극적인 수혜자는 고객이다. 산에 오르기 위해 도전하는 조직이라면, 고객의 피드백에 즉각 반응하고 지속적으로 들여다보며 혁신을 추진하고 변화를 수용하는 능력을 가져야 한다고 드러커는 늘 역설했다. GE에서는 이러한 변화의 지속적인 과정을 이렇게 압축한다.

"우리는 모두 함께 오른다! 우리가 고객의 문제를 해결하면 고객은 더 높이 오르고, 고객이 더 높이 오르면 우리역시 더 오른다. 의심할 여지는 없다."

"
우리는 어떻게 하면 프리랜서들이

더 많은 가치를 창조하도록 할 수 있는가에

관심을 가지고 있었다.

그리고 그들 역시 이러한 기회를 통해

자신들의 경력을 개발하고 싶어 한다는 걸 깨달았다.

"

CASE 2

함께 일하는 사람들의
니즈와 동기도 고려하라

루크 오윙스
Luke Owings

코칭을 관리 감독하는 '풀브릿지Fullbridge 프로그램'에서 일한 오윙스는 하버드 경영대학원 학생이던 2011년에 전문 강사로 발탁되는 행운을 거머쥐면서 가르치는 일에 매료되었다. 그는 현재의 경력이 불완전한 상태임에도 불구하고 자신의 일을 세계적으로 펼치려는 계획을 가지고 있다. 하버드 경영대학원에 입학하기 전에 오윙스는 프린스턴 대학교에서 경제학 학사 학위를 취득했고 졸업 후 컨설팅회사 맥킨지의 워싱턴 DC 지사에서 경력을 시작했다. owings.luke@gmail.com

피터 드러커가 "고객은 누구인가? 반드시 만족시켜야하는 대상은 누구인가?"라는 질문을 던질 때, 여기서 말하는 고객이란 1차고객을 의미한다. 한눈에 알아차릴 수 있는 그 1차고객들의 존재가 젊은 당신으로 하여금 현재의 조직에 입사하도록 꽤 영감을 주었을 것이다. 하지만 많은 직업의 경우, 1차고객뿐만 아니라 지원 역할을 수행하는 지원고객과도 교류해야 한다.

함께 일하는 지원고객들을 고려하면 조직과 미션과의 연결뿐만 아니라 당신과 미션과의 연결고리를 더욱 강화할 수 있다.

나는 '풀브릿지 프로그램'을 통해 우리가 주관한 한 달짜리 '창업훈련소'에서 코치로 활동할 전문 프리랜서 네트워크를 관리했다. 매년 우리는 사업 초심자로 사회생활을 시작하는 사람들에게 멘토 역할을 수행할 경험 많은 프리랜서들을 수십 명 확보했다. 과제와 멘토링 스타일(예를 들어, 가이드식 접근방식)을 표준화함으로써 우리는 일관되고 반복 가능한 결과를 얻을 수 있었다. 그러나 이러한 하향식 접근방식은 유연성이 떨어졌고 향상 효과가 제한적이었다.

우리는 어떻게 하면 프리랜서들이 더 많은 가치를 창조하도록 할 수 있는가에 관심을 가지고 있었다. 그리고 그들 역시 이러한 기회를 통해 자신들의 경력을 개발하고 싶어 한다는 걸 깨달았다. 그래서 우리는 접근방식을 수정하기로 했다.

해야 할 것들을 명확히 설정한 후에, 즉 본질적이지 않은 것들을 제거한 후에 우리는 프리랜서들에게 자신만의 접근방식을 마련하도록 격려했고 그들의 경력개발에 초점을 맞춰 프로그램을 관리했다. 결과적으로, 우리의 제품은 1차고객들에게 더욱 도움이 되었고, 프리랜서들은 1차고객들을 위한 유통과 마케팅에 관해 더욱 효과적인 교육과 커리큘럼을 구성할 수 있었다.

미래의 지원고객들은 모자이크처럼 여러 경력을 경험

하는, 이들 프리랜서 그룹과 같다. 인맥 관리 도구가 일반화되면서 단기 노동 시장은 폭발적으로 증가하고 있다. 이러한 전문가 풀의 증가를 잘 활용하는 기업은 조직의 변동성을 혁신의 강력한 근원으로 연결시킬 것이다.

그러므로 협업자들, 즉 지원고객의 니즈와 동기를 인식해야만 처음에 당신의 마음을 움직였던 미션, 그리고 1차 고객에게 나아가는 시스템을 구축할 수 있다.

질문

III

WHAT DOES THE
CUSTOMER VALUE?

그들은
무엇을 가치 있게
생각하는가?

비이성적인 고객은 없다

· 1차고객과 지원고객이 원하는 가치는 무엇인가?

· 고객으로부터 얻어야 할 지식은 무엇인가?

· 그 지식을 얻기 위해 내가 해야 할 일은 무엇인가?

'고객이 무엇을 가치 있게 생각하는가?'란 질문, 다시 말해 그들의 니즈, 요구, 기대를 만족시키는 것이 무엇인 가라는 질문은 매우 복잡하다. 그리고 그것은 오직 고객들 로부터 해답을 구할 수 있다.

이때 첫 번째로 알아둬야 할 원칙은 비이성적인 고객은 없다는 점이다. 거의 예외 없이 고객은 스스로의 현실과 상황에 따라 합리적으로 행동한다.

리더는 해답을 짐작하려고 해서는 안 된다. 해답을 구하려면 항상 고객에게 다가가 체계적으로 질문을 던져야 한다. 나는 언제나 이것을 실천했다.

나는 해마다 10년 전의 졸업생들 중 50~60명을 무작위로 선정하여 직접 전화를 걸었다. 그리고 그들에게 다음과 같은 질문을 던졌다. "학교를 다니던 시절을 되돌아볼 때 우리가 학교에 무엇을 기여했다고 봅니까? 당신에게 아직도 중요한 것은 무엇입니까? 우리는 무엇을 개선해야 할까요? 그리고 무엇을 중단해야 할까요?" 믿어주길 바라건대, 이런 질문을 통해 내가 얻은 지식들이 나에게 큰 영향을 끼쳤다.

'고객이 무엇을 가치 있게 생각하는가?'란 질문은 어쩌면 가장 중요한 질문이다. 그럼에도 불구하고 사람들이 별로 관심을 두지 않는 질문 중 하나다. 조직의 리더들은 자기 혼자 이 질문에 답하는 경향을 보인다. "이것이 바로 우리의 질적인 가치다. 이것이 발전을 위한 우리만의 방법이다"라는 식으로 말이다.

자기가 올바른 일을 수행하고 있다는 확신이 강해서 지

나치게 몰입하다 보면 조직 자체를 목적으로 여기게 된다. 관료주의가 나타나는 것이다. "그것이 고객에게 가치를 전달하고 있는가?"라고 묻지 않고 "그것이 우리의 원칙에 부합되는가?"라는 잘못된 질문을 던지기 쉽다. 이런 질문은 성과 창출을 방해할 뿐만 아니라 조직의 비전과 몰입을 깨뜨리고 만다.

당신의 판단은 어떤 근거에서 나온 것인가?

내 친구이면서 노스웨스턴 대학교 교수인 필립 코틀러는 "상당히 많은 조직들이 고객에게 전달하고 싶은 가치가 무엇인지는 매우 명확하게 이해하고 있지만, 그런 가치가 고객의 관점에서 나와야 한다는 점은 별로 깨닫지 못한다"고 지적한다.

다시 말해, 자신들만의 판단을 근거로 가정한다는 것이다. 그런 가정들은 당신이 '고객들이 가치 있게 여긴다고 믿고 싶은 것들'을 뜻한다. 그것들과 '고객이 실제로 요구하는 것들'을 서로 비교하여 어떤 차이가 있는지 발견하라. 그러면 당신이 추구하는 결과를 얼마나 달성해가는지 평가할 수 있을 것이다.

어느 노숙자 보호소가 1차고객이 원하는 가치를 정확히 파악하여 의미 있는 변화를 일으킨 사례가 있다. 이 보호소는 1차고객인 노숙자들이 원하는 가치가 '영양가 있는 식사와 깨끗한 잠자리'라고 믿었다. 하지만 직원들이 노숙자들을 상대로 대면 인터뷰를 벌인 결과, 노숙자들이 따뜻한 음식과 안락한 잠자리를 고마워하기는 하지만 '노숙자로 살고 싶지 않다'는 깊은 열망을 만족시키지는 못한다는 사실을 깨달았다. 그들은 이렇게 말했다. "우리는 삶을 다시 시작할 수 있는 쉼터, 일시적이겠지만 그래도 집이라고 부를 수 있는 공간이 필요합니다."

노숙자 보호소는 결국 자신들이 오랫동안 지켜왔던 가정과 원칙을 폐기했다. 그리고 다음과 같은 질문을 던졌다. "우리 보호소를 안락한 천국처럼 만들려면 어떻게 해야 할까?"

그 보호소는 매일 아침이 되면 거리로 돌아가야 한다는 노숙자들의 두려움을 없애주기로 했다. 보호소는 이제 노숙자들에게 상당 기간 보호소에 머물도록 하면서 '삶을 다시 시작하기'가 노숙자들에게 어떤 의미인지, 그리고 그런 목표를 실현하기 위해 무엇을 도와야 하는지를 알아내기 위해서 노력했다.

보호소의 역할이 조정됨에 따라 노숙자 스스로도 더 많은 역할을 해야 했다. 예전에는 배고플 때 보호소를 찾아오는 것으로 충분했겠지만, 이제는 자신이 원하는 가치를 얻기 위해서 스스로도 무언가 기여해야 한다. 계속 보호소에 머무르기 위해서는 자신의 문제와 씨름하면서 계획을 수립해야 한다. 보호소와 노숙자와의 관계 속에서 노숙자의 역할이 점점 커질수록 보호소가 성취하는 결과 역시 커지기 마련이다.

고객으로부터 무엇을 파악해야 하는지 충분히 생각하라

1차고객이 원하는 가치가 무엇인지를 아는 것은 두말

할 필요 없이 중요하다. 그러나 지원고객이 요구하는 가치 역시 똑같은 비중을 가지고 파악해야 한다. 그렇지 않다면 조직의 업무 수행에 필요한 모든 사항을 챙기는 데 실패하고 말 것이다.

다양한 조직 내에는 예외 없이 여러 유형의 지원고객들이 존재하는데, 각 지원고객이 거부권을 행사하는 경우도 있다. 학교장은 1차고객인 학생뿐만 아니라 교사, 학교 운영위원회, 지역사회 내의 파트너, 납세자, 학부모 등을 만족시켜야 한다. 이 경우 학교장은 서로 다른 시각으로 학교를 바라보는 여섯 유형의 유권자들을 가지고 있는 셈이다. 각 지원고객은 필수적인 존재들이고 서로 다른 관점으로 가치를 정의한다. 또한 그들 역시 반드시 만족시켜야 할 대상이기도 하다. 적어도 그들이 학교장을 해고하거나, 파업을 벌이거나, 학교 정책에 반대하지 않도록 하려면 말이다.

성공적인 계획을 수립하려면 모든 고객의 관심사를 이해할 필요가 있을 것이다. 특히 고객이 장기적인 관점에서 결과라 여기는 것이 무엇인지 파악해야 한다.

고객가치를 조직의 계획에 통합시키는 것은 건물을 짓는 작업

에 비유할 수 있다. 고객가치가 무엇인지 파악한다고 해도 그것을 실행에 옮기는 일은 고된 작업이기 때문이다.

먼저 고객으로부터 무엇을 파악해야 하는지 충분히 생각하라. 그런 다음, 고객의 말을 경청하고 그들이 가치 있게 여기는 것을 객관적인 사실로 수용하라. 그리고 고객의 목소리가 자가진단 과정에서뿐만 아니라 지속적으로 논의되도록 하고 의사결정 과정에 반영되도록 하라.

"

고객은 자신에게서 피드백을 구하고 문제를 해결하여

자신의 니즈를 충족시킬 수 있는 조직을

가치 있게 여긴다.

또한 고객은 자신의 열망을 만족시켜주겠다는

정신을 가지고 사업의 관행에 과감히 도전하는 용기와

고객의 목소리를 경청하는 자세를 지닌 리더에게

높은 가치를 부여한다.

"

INSIGHT 5

고객의 더 나은 삶을 위해 비범한 가치를 창조한다는 것

제임스 쿠제스
James M. Kouzes

100만 부 이상 판매된 베스트셀러 『리더십 챌린지』의 공저자다. 그는 산타클라라 대학교의 리비 경영대학원 '혁신과 기업가정신 센터'의 임원이기도 하다. 2010년 '인스트럭셔널 시스템즈 어소시에이션Instructional Systems Association'으로부터 '생각의 리더Thought Leadership'라는 상을 수상했는데, 이 상은 교육과 인재개발 분야에서 가장 영예로운 상이다. www.kouzesposner.com

많은 사람들에게 귀감이 되는 리더들이 하는 모든 일들은 고객을 위해 가치를 창출하는 것이다.

그것이 바로 패트리샤 매릴랜드Patricia Maryland가 미시건주의 디트로이트에 위치한 시나이-그레이스 병원Sinai-Grace Hospital의 원장으로 취임했을 때 가졌던 관점이었다(그녀는 현재 비영리조직인 어센션 헬스Ascension Health의 대표로 재직 중에 있다).

그녀가 취임할 당시, 병원은 매우 어려운 상태였다. 이 병원은 여러 번의 합병을 겪었는데 그 과정에서 실시된 혹독한 구조조정으로 인해 직원들의 불신과 분노가 상당했다. 그러한 긴축과 감축에도 불구하고 병원은 계속해서 손실을 보이고 있었다. 시나이-그레이스 병원에는 새로운 리더가 필요하기도 했지만 새로운 정체성이 절실한 상황이었던 것이다.

매릴랜드가 가장 먼저 깨달은 것들 중 하나는 직원들 대부분이 고리타분한 업무 방식에 젖어 있다는 점이었고,

그런 만성적인 관행을 깨뜨리는 일이 자신이 담당해야 할 첫 번째 임무라는 점이었다. 예를 들어, 병원의 고객인 환자들이 응급실에서 오랫동안 대기해야 한다는 것은 누가 봐도 명백히 문제임에 틀림없었다. "내가 이 병원에 처음 왔을 때는 사람들이 진찰 받고 입원하는 데 걸리는 시간이 평균 8시간이었습니다. 납득이 안 되더군요"라고 패트리샤는 말했다.

또 하나의 문제는 병원에 대한 지역사회의 시각이었다. 매릴랜드에 따르면, 병원 시설이 너무 낙후되어 있다 보니 병원에서 한 블럭밖에 떨어져 있지 않은 사람들조차 다른 병원에 가려고 했다고 한다. 그처럼 병원의 물리적 환경이 큰 문제였다. 이렇게 고질적이면서도 직원들이 별다른 문제의식을 못 느끼는 문제들을 해결하기 위해서는, 즉각적인 조치와 함께 근본적으로 새로운 접근방식을 실험할 필요가 있었다.

그냥 넘어가기 어려운 응급실 대기시간 문제를 해결하

기 위해 그녀는 병원의 전통적인 조직 체계를 대대적으로
정비하기 시작했다.

흉통 환자들을 위한 별도의 공간을 마련해서 그들을 신
속히 옮길 수 있도록 했고, 응급 처치가 필요한 환자들은
'긴급처치실'이라고 불리는 공간으로 이동시키기로 했다.
긴급처치실 내에 벽으로 둘러싸인 진찰실을 만듦으로써
환자의 사생활과 비밀을 보호할 수 있도록 했다. 놀랍게도
이러한 간단한 조치만으로도 대기시간은 75% 이상 줄어
들었다.

이러한 성공의 토대는 병원 인테리어를 개선하도록 투
자된 10만 달러의 기금이었다. 산뜻한 색으로 벽을 칠하
고 새로운 가구를 놓는 것만으로도 환자와 직원 모두의
만족도가 높아지는 효과가 있었다. 의사들은 각자 소장하
던 예술품을 기부하기도 했다. 이렇게 환경이 급격히 좋아
지기 시작하자 병원은 비로소 현대식 의료센터의 모습을
나타내기 시작했다.

"저는 따뜻하고 포근하며 환자가 문을 열고 들어설 때 신뢰감과 안정감을 느낄 수 있는 환경을 갖추는 것이 중요하다고 생각했습니다"라고 패트리샤는 말했다.

그녀는 환자를 대하는 방식을 바꿔야 한다고 직원들을 독려했다. "여러분이 상대하는 사람이 여러분의 어머니나 아버지라면 그들을 어떻게 대하겠습니까? 그들과 어떻게 대화하겠습니까? 누군가가 여러분을 차갑고 불친절하게, 인간이 아니라 기계의 일부처럼 대한다면, 어떤 기분이 들 것 같나요?"

시나이-그레이스 병원에서 벌어진 작은 변화들 덕에 상황은 놀랍도록 역전되었다. 5점 만점에 1점이나 2점이 대부분이었던 고객만족도 점수가 급격하게 상승해서 4~5점을 기록했던 것이다.

현재 직원들의 사기는 높은 편이며 새로운 활기와 열정이 병원 내에 넘치고 있다. 또한 재무적으로도 좋은 상태를 유지하고 있다. "뭐니 뭐니 해도 가장 중요한 건 지역사회의 신뢰가 회복되었다는 점이죠. 사람들은 편안한 마음으로 우리 병원을 다시 찾고 있답니다."

이 모든 긍정적 변화는 고객의 목소리에 귀 기울이고 고객가치를 창조하기 위해 철저히 몰입한 결과다. 고객들이 시나이-그레이스 병원을 어떻게 경험하고 있는지 먼저 파악하여 그들의 니즈를 충족시키고자 한(그리고 직원들이 동참하도록 만든) 패트리샤의 헌신이 있었기에 병원의 서비스 질과 직원들의 사기, 자부심을 회복시키는 혁신이 가능했다.

무엇보다 이 모든 일들이 가능했던 이유는 패트리샤를 비롯한 모든 부서가 하나의 근본적인 목적, 즉 고객의 더 나은 삶을 위해 비범한 가치를 창조한다는 것을 명심했기 때문이었다.

분명 고객은 자신에게서 피드백을 구하고 문제를 해결하여 자신의 니즈를 충족시킬 수 있는 조직을 가치 있게 여긴다. 또한 고객은 자신의 열망을 만족시켜주겠다는 정신을 가지고 사업의 관행에 과감히 도전하는 용기와 고객의 목소리를 경청하는 자세를 지닌 리더에게 높은 가치를 부여한다.

INSIGHT 6

고 객   혁 명 의   시 대 ,
어 떻 게   동 참 할   것 인 가 ?

마이클 & 카스 라제로우
Michael and Kass Lazerow

성공한 창업가 부부다. 그들이 창업한 버디 미디어Buddy Media는 세일즈포스닷컴Salesforce.com에 7억 4500만 달러에 팔렸다. 이들은 '라제로우 벤처스Lazerow Ventures'를 통해 디지털 미디어 기업에 적극적으로 투자하는데, 지금까지 투자한 회사는 페이스북, 텀블러Tumblr, 버즈피드BuzzFeed 등 40개가 넘는다. 마이클은 디지털 미디어 및 마케팅 분야에서 가장 혁신적인 리더 중 한 명으로 인정받고 있다. 《포춘》을 비롯한 여러 미디어의 헤드라인에 이름을 올렸고, CNN, CNBC, BBC 등 방송사에 사주 초청 받는 유명인사나. 카스는 버디 미디어 이전에, 골프닷컴GOLF.COM을 설립한 공동 창업자이자 최고운영책임자로 회사를 수백만 달러의 소비자 인터넷 회사로 만들었다. www.lazerow.com

이제껏 경험하지 못했을 '고객 혁명의 시대'로 입성한 것을 환영한다. 소셜네트워크, 모바일 기기, 각종 네트워크 기능 탑재 제품들, 그리고 클라우드 컴퓨팅은 기존고객 및 잠재고객들과 맺은 관계를 완전히 뒤바꿔놓았다.

고객 혁명은 기업에서 개별 고객으로 힘이 급격하게 넘어갔다는 것을 의미한다. 휴대폰으로 무장한 개별 고객의 힘과 영향은 그들이 속한 네트워크의 규모와 영향력에 의해 결정된다.

고객 혁명은 소리 없는 혁명이다. 수십억 명의 사람들이 문자 메시지, 페이스북, 트위터 등과 같은 소셜미디어 덕분에 자신들의 가족, 친구, 동료들에게 완벽하리만큼 영향을 미치고 있다. 이러한 혁명에 동참하는 기업들이 번영을 누릴 것이다. 변화를 모른 척하며 모래 속에 머리를 처박고 있는 기업들은 머지않아 사라질 것이다. 그렇다. '흥하거나 망하거나'다.

그렇다면 어떻게 해야 고객 혁명에 동참할 수 있을까?

간단하다. 완전히 새로운 방법으로 '연결'하기만 하면 된다. 그리고 그렇게 하기 위한 가장 강력한 방법은 연결의 모든 여정에 고객이 함께하도록 돕는 것이다.

그렇다. 연결하는 것이 바로 돕는 것이다. 이것은 새로운 개념이 아니다. 새로운 것은 고객이 원할 때 그리고 고객이 원하는 방법으로 도움을 주어야 한다는 점이다. 과거에 고객은 도움을 받으려면 상점 안으로 들어가야 했다. 자기 돈을 들여서 오전 9시부터 오후 5시라고 회사가 정해놓은 업무시간에 찾아가야 했다.

그러나 요즘의 고객은 자신이 원하는 시간에 자신의 조건으로 도움 받기를 기대한다. 이런 니즈를 만족시킨 기업들은 이미 정상에 올랐고 그 기업들 중 많은 수가 자신들이 속한 산업을 혁신시켰다. 모바일 앱을 통해 지역의 대중교통 사업을 강타하고 있고 미래에 그 힘이 더욱 강력해질 것으로 보이는 우버가 대표적이다. 우버의 실적은 너무나 엄청나서 믿기 어려울 지경이다.

우버는 미국 인구의 43퍼센트에 해당하는 사람들에게 서비스를 제공 중이다. 단 한 대의 자동차도 보유하지 않고서 말이다! 또한 우버는 매월 약 2만 개가량의 일자리를 창출하고 있다. 우리(마이클과 카스)가 거주하는 뉴욕 시에서 우버의 일자리 하나가 창출하는 1년 소득의 중간 값은 9만 달러 이상이다. 인터넷미디어 《비즈니스 와이어》는 우버가 매년 미국 경제에 기여하는 가치가 280억 달러로 추산된다는 기사를 내기도 했다.

이러한 모든 것이 휴대폰과 클라우드 컴퓨팅 때문에 가능해졌다. 모바일 기기가 없었다면 우버도 없었다.

우버가 제공하는 서비스는 단순하다. 만일 당신이 이곳에서 그곳으로 가길 원한다고 하자. 이럴 때 어떻게 당신을 도와야 할까? 바로 '태워다 주는 것'이다. 태워다 주길 원한다면 어떻게 도울까? 버튼을 눌러 자동차를 부르면 끝이다! 밤 데이트의 양상은 이제 예전과 확실히 달라질 것이다.

이것이 바로 몇 년 전에는 세상에 없던 우버가 이제는 수억 달러의 매출을 기록하고 전문 투자자들로부터 기업 가치가 600억 달러에 달한다는 평가를 받는 이유다.

다른 산업으로 눈을 돌려보자. 과거에 자동차를 몰고 가다가 갑자기 고장 나면 어찌할 줄 몰라 쩔쩔매다가 매뉴얼을 집어 들고 원인을 파악하려 했을 것이다. 그렇게 해봤자 원인을 못 찾아낼 게 뻔했겠지만 말이다. 또한 정비소에 전화를 걸어 정비 예약을 하는 데에만 30분이 걸릴

게 뻔했다. 차를 정비소로 가지고 가는 데에 1시간, 차를 가지고 오는 데에 또 1시간이 걸렸을 것이다. 결국 필요한 서비스는 받았겠지만, 원하는 시간에 원하는 조건으로는 도움 받지 못했을 것이다.

요즘 거의 모든 신형 자동차들은 네트워크에 연결되어 있다. 만일 내일 자동차에 뭔가 이상이 생기면 대시보드에 이런 메시지가 뜰 것이다. "안녕하세요, 마이크. 필터를 교환하고 나서 8000마일을 달렸군요. 새로 교환할 시기입니다. 이 버튼을 누르면 정비 약속을 잡을 수 있습니다." 그러면 딜러가 달려와 자동차를 가져갔다가 정비 완료 후에 갖다 줄 것이다. 왜 그래야 하냐고? 고객은 도처에 깔린 '즉시 응답on-demand' 제품과 서비스들이 자신들이 원하는 수준의 서비스를 지체 없이 제공하리라 기대할 것이기 때문이다. 우리는 판매, 서비스, 마케팅이 하나로 급격하게 수렴되고 있음을 목격 중이다. 이제는 고객과의 모든 소통이 곧 마케팅이다.

과거의 마케팅이 고객의 구매라는 최종 목적지에만 집중했다면, 오늘날의 마케팅은 고객의 구매 프로세스 전체를 대상으로 한다. 고객은 구매하기 전, 구매하는 동안, 구매한 후의 모든 단계에서 도움을 기대하기 때문이다.

고객은 기업들이 자신에게 무언가 유용한 도움을 주기 때문에 제품을 구입한다. 게다가 이제는 자신의 조건으로 도움 받기를 기대한다.

다시금 고객 혁명의 시대에 온 걸 환영한다. 이 시대에서는 고객이 실세다.

CASE 3

고객을 향한 질문을 결코 멈추지 마라, 그것이 혁신이다

나디라 히라
Nadira Hira

수상 경력이 있는 작가, 편집자, 강연가, TV 탤런트, 다재다능한 재담가, 대규모 회의의 큐레이터다. 《코스모폴리탄》 자문위원회의 멤버이며, 출간 준비 중인 『잘못 인도된Misled』의 저자이기도 하다. www.nadirahira.com

지금의 시대에서는 그 어느 때보다 고객가치를 잘 알 수 있다. 나는 정말 그렇다고 자부하고 싶은 마음에 저항하기가 정말로 힘들다. 생각해보라. 항공사들은 어디에서 고객들의 피드백에 응답해야 하는지 잘 알지 못할지도 모르겠지만, 나는 비행기 운항 문제에 관해서 델타에 트윗을 보낼 수 있는, 21세기라는 고도로 연결된 시대에 살고 있다.

조직, 브랜드, 리더들은 이미 끊임없이 피드백을 받을 수 있는 수단을 가지고 있다. 그러나 기업들은 그것을 효과적으로 이용하고 있는가?

나는 모 임원이 나에게 웃으면서 자신은 트위터에 신경을 쓰지 않는다고 말하는 것을 셀 수 없이 많이 들었다. 그녀는 회사의 페이스북 페이지나 인스타그램 계정에 올라온 댓글을 열어보는 것은 귀찮은 일이었다고 고백하기도 했다. 창피한 일이지만 그러면서도 자기네 조직이 소셜미디어를 통해 고객이 원하는 것을 직접 청취한다고 자랑스레 떠들고 다녔다고도 말했다.

지금은 예전에 없던 '고객관여Customer Engagement 도구'가
그야말로 순식간에 넘쳐나고 있는 시대다. 그러나 도구를
사용하는 방법을 모르면 아무 소용이 없는 것이다. 더욱이
그 도구를 무시하면 엄청난 기회를 놓치고 말 것이다. 그
도구를 지나치게 칭송할 필요도 없겠지만, 그런 도구들이
주는 통찰에 촉각을 곤두세울 필요는 충분히 차고 넘친다.
고객이 무엇을 원하고 요구하는지, 고객이 무엇에 불만을
가지는지에 관하여 매우 뚜렷하게 윤곽을 그려나갈 수 있
도록 해주기 때문이다.

내가 즐겨 인용하는, 혁신에 관해 모 산업에서 얻은 교
훈을 하나 소개할까 한다. 이 산업에서는 '고객들은 스스
로가 정말로 무엇을 원하는지 모른다'고 간주하는 것이
상식으로 통한다. 하지만 현업 실무자들이 그런 식으로 고
객의 요구를 무시하는 것을 혁신적 발상으로 봐서는 정말
곤란하다.

최상의 제품과 서비스가 출시될 무렵에 남들보다 먼저 가장 단순하고 가장 유용한 해답을 얻으려고 하는 것, 그리고 그 해답을 얻기 전에는 결코 질문을 멈추지 않을 것이라고 담당 실무자들이 스스로를 계속 일깨우는 것. 나는 그것이 바로 혁신이라고 생각한다.

실무자들은 계속해서 고객 속으로 파고 들어가 프레임을 만들고, 지속적으로 프레임을 수정해나가야 한다.

고객들이 이상적인 경험에 관해 좀 더 깊은 진실을 발견할 수 있도록 돕기 위해 상상할 수 있는 모든 각도로 탐색을 거듭해야 한다. 주변에 존재하는 작은 기술 하나라도 모두 즉각적으로 이용할 수 있어야 한다. 뿐만 아니라 피터 드러커가 수십 년 전에 그랬듯이, 기존 및 신규 고객들 곁에서 말 그대로 '함께 지내며' 진지한 질문을 멈추지 않아야 한다.

이것이 바로 리더로서 우리에게 그리고 당신에게 주어진 도전과제다. 만일 우리가 이 과제를 잘 수행한다면 우

리를 명예롭게 만드는 사람들을 위해 할 수 있는 일에는
그 어떤 한계도 없을 것이다.

질문

IV

WHAT ARE OUR
RESULTS?

어떤 결과가
필요하며, 그것은
무엇을 의미하는가?

단기적 성과와 장기적 변화를 주시하라

- · 결과를 어떻게 정의하고 있는가?
- · 성공을 거두고 있는가?
- · 강화하거나 버려야 할 것은 무엇인가?

다양한 조직들은 항상 외부에 의해 '결과'로 평가받는다. 결과란 성과와 관련된 것이다. 궁극적으로는 사람들의 행동, 환경, 건강, 희망, 그리고 무엇보다 역량과 능력이라는 관점에서 삶 자체와 삶의 조건이 얼마나 변화했는지를 일컫는다. 미션을 추구하기 위해 각 조직은 무엇을 평가받아야 하고 무엇을 판단해야 하는지를 결정하고, 그에 따른 결과 달성을 위해 자원을 집중할 필요가 있다.

심리치료사로서 헌신적으로 활동하던 어느 부부는 소규모 정신건강센터를 설립하고 함께 운영했다. 둘은 센터를 '치료 공동체'라고 명명하고 15년 동안 운영하면서 많은 사람들이 불가능하다고 여겼던 결과를 달성해냈다. 센터의 1차고객은 정신분열증 판정을 받은 사람들이었는데, 그들 대부분은 거듭된 치료 실패로 희망이 거의 사라진 상태에서 센터 문을 두드렸다.

센터 직원들은 그렇게 희망이 없는 상태에서도 어딘가에 전환점이 존재한다고 믿었다. 첫 번째 판단 기준은 1차고객과 가족들이 치료를 다시 시작할 의지가 있는지의 여부였다. 직원들은 진행 상황을 모니터링하는 다양한 방법을 숙지하고 있었다. 환자들이 모임에 정기적으로 참여하면서 일상생활을 충실하게 보내고 있는가? 정신병원 입원 횟수와 기간이 줄어들었는가? 환자들이 벽장 속에 귀신이 있다고 중얼거리지 않고 '나에게 에피소드가 하나 있었어'라고 말하는 식으로 본인의 질병을 새롭게 이해하게 되었는가? 상태가 호전되면서 환자들이 다음 단계를 위한 현실적인 목표를 세울 수 있게 됐는가?

이 센터의 미션은 '심각하고 만성적인 정신질환을 가진 사람들을 회복시키는 것'이었다. 센터에 들어온 사람들 상당수가 2년 이상 집중 치료를 받은 끝에 사회에 복귀할 수 있었다. 그들은 더 이상 불치병 환자가 아니었다. 어떤 사람은 가족과 함께하는 삶을 되찾았고, 또 어떤 사람은 안정적인 일자리를 구할 수 있었다. 심지어 대학원을 졸업한 사람도 있었다. 치료 공동체의 일원들이 건강을 회복했는지, 다시 말해 1차고객들의 삶이 근본적인 방향으로 변화했는지가 이 조직의 결과를 판단하는 측정 지표였다.

영리를 추구하는 일반 기업의 경우에는 이익이 실질적인 측정 지표이고, 이익 없이는 장기적으로 사업이 존재하지 못한다고 말할 수 있다. 그러나 사회 부문의 조직, 비영리조직에서는 성공을 측정하는 보편적인 지표가 없다. 그러므로 더더욱 자신들의 고객이 누구인지 파악해야 하고, 고객이 가치 있게 여기는 것을 알아내야 하며, 의미 있는 측정 지표를 개발해야 하고, 실제로 고객의 삶이 변화하고 있는지를 정직하게 판단해야 한다. 많은 비영리조직들에게 이러한 과정은 낯선 것이 현실이지만, 학습을 통해 충분히 습득할 수 있다.

정량적 지표와 정성적 지표

발전과 성취는 정성적인 관점과 정량적인 관점으로 측정할 수 있다. 이 두 가지 측정 지표는 서로 얽혀 있고 상호보완적이다. 사람들의 삶이 어떤 방향으로 얼마나 변화하는지를 규명하려면 두 지표가 모두 필요하다.

'정성적 측정 지표'는 특정 상황 내에서 '변화의 깊이와 폭'을 측정하는 데 사용된다. 정성적 지표는 구체적인 관찰을 통해 패턴을 파악해냄으로써 미묘하고 개별적인 결과를 알려주며 풍부한 데이터를 제공한다.

아무리 뛰어난 연구소의 연구원들이라도 자신의 연구 가치를 미리 정량적으로 나타낼 수는 없다. 그러나 그들은 3년마다 모여 앉아 이렇게 질문할 수는 있다. "삶의 변화에 기여하는 데 있어 우리는 무엇을 성취했는가? 미래의 결과를 위해 우리는 지금 무엇에 집중해야 하는가?"

정성적 결과는 투병 중인 암 환자들에게 희망을 심어주는 일처럼 '손에 잡히지 않는 결과'인 경우가 많다. 주관적이고 파악하기 쉽지 않지만, 그럼에도 정성적 데이터는 정량적 데이터만큼 중요하고 체계적으로 수집돼야 한다.

'정량적 측정 지표'는 명확한 기준을 가지고 있다. 정량적 지표는 카테고리와 기대치 설정을 통해 객관적인 사실을 알려준다. 예를 들면 다음과 같다. 위험한 환경에 처한 청소년들이 집중적으로 예술 교육을 받으면 학업 성적이 향상되는지, 취업 훈련을 마치면 생계 가능의 임금을 받으면서 일하는 '사회복지 수급자'의 수가 증가하는지, 10대 흡연자 수가 증가하는지 혹은 감소하는지, 24시간 관리 서비스를 제공하면 아동학대 사례가 줄어드는지 등이 바로 정량적 지표를 활용한 사례다. 정량적 측정 지표는 결과를 달성하기 위해 자원을 적절하게 배분하는지, 개선이 잘 이루어지고 있는지, 더 나은 방향으로 제대로 나아가고 있는지 등을 측정하는 데 필수적이다.

강화하거나 폐기할 부분을 결정하라

리더들에게 가장 중요한 질문 중 하나는 '이 분야에 자원을 투입하는 것을 정당화할 수 있을 만큼 우리는 충분히 뛰어난 결과를 거두고 있는가?'다. 필요하다고 해서 존속시키는 일을 정당화하지는 못한다. 전통도 마찬가지다. 미션과 집중력, 그리고 결과를 하나로 일치시켜야 한다. 이익이 많은 곳과 성공할 수 있는 곳에 투자하는 것이 바로 당신의 임무다.

무언가를 포기하는 것은 항상 심한 저항에 직면하기 마련이다. 어느 조직에서나 구성원들은 이제는 쓸모없어진 것들, 즉 효과를 기대했으나 그렇지 못한 것들, 한때는 생산적이었지만 더 이상 그렇지 못한 것들에 집착하는 경향을 보인다.

그러나 폐기하는 용기가 필요하다. 폐기되지 않으면 아무것도 이루어지지 못한다. 무엇을 폐기할 것인가를 놓고 토론을 벌이다 보면 사람들은 감정이 격화되는 소용돌이에 휘말리기도 한다. 그만큼 무언가를 폐기한다는 것은 어려운 일이다.

하지만 아주 잠시만 힘들 뿐이다. 죽은 자가 땅에 묻혀야 부활이 시작될 수 있는 법이다. 6개월 정도 지난 후에는 "왜 그렇게 오래 걸렸지?"라며 모두들 의아해하게 될 것이다.

리더는 의미 있는 결과를 만들 책임이 있다

조직이 전체적으로 성과를 내지 못한다는 사실, 즉 모든 곳에서 결과가 저조하고 개선의 여지가 보이지 않는 사실을 직면하게 되는 때가 찾아온다.

이런 시기는 조직을 합병하거나 청산해야 할 때, 혹은 에너지를 다른 곳에 쏟아야 할 때일지 모른다. 하지만 어떤 부분을 강화해야 하고 폐기해야 하는지가 명확하지 않을 때는 체계적인 분석이 필요할 것이다.

자가진단 과정에서 지금의 단계인 네 번째 질문의 시점에 이르면, 조직의 결과가 무엇이어야 하는지, 미래의 성공을 위해 어느 곳에 집중해야 하는지를 결정해야 한다. 미션이 리더에게 주어진 책임의 범위를 규정한다. 리더는 무엇을 평가하고 판단해야 하는지 결정해야 하고, 조직이 자원을 낭비하지 않도록 유의해야 하며, 의미 있는 결과 창출을 보장해야 하는 책임을 가져야 한다.

INSIGHT 7

우리는 그동안 어떻게 사람들을
변화시킬 수 있었는가?

주디스 로딘
Judith Rodin

2005년 3월부터 록펠러 재단의 이사장으로 활동 중이다. 획기적인 연구를 실시한 심리학자이기도 한 로딘 박사는 예일 대학교 교무처장을 역임한 후 펜실베이니아 대학교의 총장을 맡음으로써 아이비리그 역사상 최초의 여성 총장이 되었다. 200편이 넘는 학술논문의 저자이며 13권의 책을 저술했다. 19개의 명예 박사학위를 취득했으며 '뉴욕에서 가장 영향력이 큰 여성 50인'에 이름을 올리기도 했다. 《포브스》가 선정한 '세계에서 가장 영향력이 큰 여성 100인' 중 한 명으로 내리 3년 동안 선정되었다. www.rockfound.org

피터 드러커는 비영리조직들과 함께 일한 50년 동안 '가장 흥미로운 발전'은 그 조직들이 '니즈'가 아니라 '결과'를 이야기하기 시작했다는 점이라고 했다.

네 번째 질문, '결과는 무엇인가? 어떤 결과가 필요하며, 그것은 무엇을 의미하는가?'에 대한 드러커의 설명은 조직의 성과를 측정하는 데 쓰이는 다음과 같은 가장 중요한 하위질문들을 분명하고 설득력 있게 제시한다.

성공을 위한 전제조건은 무엇인가? 우리의 파트너와 수혜자들은 우리의 과업을 어떻게 경험하는가? 우리의 정성적 목표와 정량적 목표는 무엇인가? 우리는 결과를 어떻게 정의하고 있는가? 우리는 실패를 수용하는 용기를 가지고 있으며 타인들이 우리의 실수를 통해 배우도록 하고 있는가?

하지만 나는 이런 문제에 대한 드러커의 통찰을 이제는 사람들이 충분히 이해하고 있다고 생각한다. 그렇기 때문에 만일 그가 살아 있다면 좀 더 나아가기를 바랄 것이라고 감히 말하고 싶다.

자가진단이 가치 있는 과정인지 아닌지를 논하자는 게 아니다. 자가진단은 분명 가치가 있다. 정량적 측정 지표만으로 충분한지 아닌지를 논하자는 것도 아니다. 알다시피 정량적 측정 지표만으로는 부족하다. 실패가 수용 가능한지 아닌지를 논하자는 것은 더더욱 아니다. 우리는 아무리 좋은 의도를 가지고 있다 해도 인간의 노력은 부족할 수밖에 없는 점과, 실패를 받아들이지 않고 다른 사람들과 지식을 공유하지 않으면 실패를 더 악화시킬 거라는 점을 인정해야 한다.

우리는 피터 드러커의 다섯 번째 질문으로 넘어가기 전에 추가적인 질문을 던져야 한다. '우리가 원하는 결과가 계획을 통해 달성되려면 그 결과와 계획은 어떻게 설정돼야 하는가?'

록펠러재단과 같은 비영리조직의 프로그램 업무는 반복적으로 이루어진다. 계획은 미션에 다가가도록, 그리고 측정 가능한 결과를 창출하도록 설계될 필요가 있다. 그래야 계획이 성공적인지 판단할 수 있다.

드러커의 말처럼, 니즈가 있고 좋은 의도가 있다고 해서 충분하지는 않듯이, 어느 정도 측정 가능한 결과를 창출하고, 그 결과에 기초하여 중간 수정을 허용하는 메커니즘을 구축하기 전까지는 계획을 완성했다거나 만족스럽다고 판단해서는 안 된다. 실질적인 효과를 달성하는 것이 목표다. 따라서 결과를 측정하는 것은 학습하고 스스로 수정하기 위한 도구다.

우리는 비영리조직의 계획을 세울 때 스킬라Scylla와 카리브디스Charybdis(그리스 신화에 등장하는 바다 괴물들. 오디세우스가 좁은 바다를 지나갈 때 그를 공격했다. 이러지도 저러지도 못하는 진퇴양난의 상황을 이야기할 때 '스킬라와 카리브디스 사이에 있다'는 표현을 쓴다)라고 말할 수 있는 두 개의 좁은 여울을 유념하며 항해해야 한다.

한 개의 여울은, 계획은 결과를 측정할 수 있도록 수립

되어야 한다는 것이다. 어떤 효과가 있는지 너무나 불명확하고 측정하기 어려워서 능력이 미치지 않는 것들은 피해가면서 구체적으로 개입할 수 있는 여지를 기꺼이 열어놓아야 한다.

조심해야 할 나머지 하나의 여울은 가장 쉽게 정량화할 수 있는 과업을 수행하려는 유혹, 혹은 산출물이 있긴하지만 가장 중요한 결과에는 영향을 주지 못하는 과업을 선택하려는 유혹을 말한다.

은유를 사용해서 한마디 더 덧붙이자면, 우리의 항해 과정은 일종의 예술과 같은 것이지 과학은 아니라는 점이다 (여기서 과학이란 계량적이고 분석적인 경영 방식에만 지나치게 치우친 것을 의미한다).

드러커는 네 번째 질문에 관한 논의를 시작하며 이렇게 강조했다. "조직의 생존 열쇠는 결과다."

결과가 목표라면, 평가기준도 되어야 한다. 우리와 같은 비영리조직이 과업을 수행하면서 항상 견지해야 할 것들은 '우리가 얼마나 노력하는지'나 '우리가 얼마나 현명한지' 혹은 '우리가 얼마나 많이 헌신하고 있는지'와 같은 것이 아니다.

물론 각고의 노력은 다른 어떤 부문의 조직과 마찬가지로 비영리조직의 사업 성공에 필수적이다. 지적 측면의 노력이 필요한 다른 부문과 마찬가지로 비영리 부문에서도 지성은 소중하게 여겨진다. '누군가를 보살핀다'라는 대의는 최고의 인재들로 하여금 비영리조직에 뛰어들도록 만든다. 비영리조직의 서비스는 젊은 세대의 후원자, 자원봉사자, 기부자를 끌어당겨야 하고 그들과 밀접한 관계를 맺고 있어야 한다. 비영리조직 인근의 지역사회로부터 새로운 멤버를 유입시키기 어려워 조직이 활력을 찾지 못한다면, 비영리조직은 스스로를 지속시키는 능력을 상실할 위험이 있다.

하지만 궁극적으로 명심해야 할 것은 '우리가 그동안 어떻게 사람들을 변화시킬 수 있었는가?'다. 피터 드러커는 이 질문의 의미를 확실히 알고 있었다. 이것이 바로 그의 질문 '우리의 결과는 무엇인가? 즉, 어떤 결과가 필요하며, 그것은 무엇을 의미하는가?'가 오늘날에도 반향을 일으키는 이유다.

"

결과는 아주 중요하다!

하지만 어떤 방법으로 결과를 내느냐도

매우 중요한 문제다.

"

INSIGHT 8

'결과 검토법'의 핵심, '가치'라는 필터와 '믿음'이라는 프리즘

버나드 뱅크스
Bernard Banks

리더십과 조직 변화에 관한 전문가. 노스웨스턴 대학교 켈로그 경영대학원에서 리더십 개발 담당 부학장을 역임하고 있다. 미국 육군사관학교 웨스트포인트의 행동과학 및 리더십 학과장을 지냈으며 미국, 한국, 중동 지역에서 지휘관과 참모로 활동하기도 했나. 육군에서 수여하는 '너글라스 백아너 리더십상'을 포함하여 수많은 수상 경력을 자랑한다. 컬럼비아 대학교에서 사회조직 심리학 박사학위를 취득했다. www.kellogg.northwestern.edu

모든 조직들은 결과물을 생산하기 위해 존재한다. 제품 및 서비스 판매, 순이익 실현, 기금 모금, 학생 모집 등 결과물은 다양한 형태로 나온다. 그 형태가 무엇이든, 결과가 진정으로 의미하는 것이 무엇인지 이해하고 그 의미를 발전시키는 것이 리더의 가장 중요한 과업 중 하나다.

피터 드러커는 조직을 이끄는 사람이라면 누구든 던져야 할 질문들 속에서 '결과의 의미'를 이해하는 것이 중요하다고 강조했다. 그러나 나는 결과에 관한 드러커의 질문을 숙고한 끝에 측정 대상을 평가하는 데에는 추가적인 '필터'가 필요하다는 결론에 도달했다. 그리고 리더들은 조직의 가치와 개인의 가치라는 '프리즘'을 통해 반드시 결과를 검토해야 한다는 깨달음도 얻었다.

당연한 말이지만, 조직은 올바른 결과물을 성취하고 있는지의 여부로 평가받아야만 한다. 조직의 활동으로 생산한 산출물을 엄격하게 평가하는 데 실패한다면 편향된 인식을 가질 수 있고 잠재적으로 시장에서 퇴출될 수 있다.

그래서 드러커는 결과물에 대한 보다 포괄적인 검토가 수월하도록 돕는 보조 질문들 몇 가지를 제시했다. 예를 들자면, 다음과 같은 질문들이다.

'우리는 성공을 어떻게 정의하는가?' '우리는 성공적인가?' '우리는 결과를 어떻게 정의해야 하는가?' '우리가 강화하거나 폐기해야 할 것은 무엇인가?'

드러커가 채택한 보조 질문들은 데이터가 어떤 형태든 (즉, 정량적 데이터든 정성적 데이터든) 관계없이 데이터를 통해 단기적 결과물들과 장기적 결과물들을 두루 검토하도록 만들어졌다. 충분한 범위와 깊이로 분석하면 어떤 현상이든 잘 이해되기 마련이지만, 결과를 검토할 때 고려해야 할 모든 사항을 드러커의 간결한 프레임이 제공하는지 자연스레 의문이 생긴다. 조직이 노력으로 얻어낸 결과를 정확하게 이해하고 그 이해를 발전시키는 리더의 능력은 주요한 결과물 중 하나인 조직의 '영향력' 때문에 중요하다.

결과물을 추구함으로써 얻는 궁극적인 효과는 바로 영

향력이다. 조직의 미래 활동들은 일반적으로 예전에 했던 노력이 성공이었는지 실패였는지에 영향을 받는다. 리더라면 일이 제대로 돌아가야 한다는 점을 잘 알고 있다. 드러커는 이렇게 언급한 적이 있다. "결과는 생존의 열쇠다." 그러나 옳지 않은 방법으로도 긍정적인 결과물을 얻을 수 있지 않을까? 나는 이 질문의 답이 '그렇다'라고 생각한다.

'가치'라는 필터는 그래서 중요하다. 가치는 북쪽을 가리키는 나침반처럼 개인과 조직에게 방향을 일러주기 위한 목적을 가진다. 몇 개의 공식적인 가치를 설정하는 데 시간을 쓰지 않는 조직은 드물 것이다. 그러나 신조와 원칙과 같은 렌즈를 통해 자신들의 활동을 검토하지 않는 조직들은 매우 많다. 그러나 이런 검토가 이루어지지 않으면 미래의 사업이 불필요하게 위태로워질 수 있다.

미국 육군은 "우리의 가치는 성공적인 리더들이 필수적으로 염두에 둬야 할 원칙, 표준, 업무의 질 등으로 구성된다. 그런 가치의 본질은 병사들과 군무원들이 어떤 상황에서든 옳은 결정을 내리도록 돕는 것에 있다"라고 말한다. 그렇다면 왜 결과와 가치를 함께 검토해야 할까? 에피소드 하나를 들려주겠다.

내가 몇 년 전 대학원 과정에 다닐 때, 교수들 중에는 《포춘》 선정 500대 기업 중 한 곳에서 CEO로서 아주 성공적인 경력을 막 끝내고 돌아온 사람이 있었다. 어느 날 수업시간에 우리는 리더가 실무에 미치는 영향력과 그에 따른 리더의 책임에 대해 토론 중이었다. 몇몇 학생들은 리더의 책임이 주주 가치 극대화에 있다고 강조하느라 여념이 없었다. 갑자기 교수가 이야기 하나를 시작했다.

회사가 추진하지 않기로 결정한 어느 인수 건에 관한 내용이었다. 그의 말에 따르면, 그의 회사는 상당한 이익을 낼 잠재력이 큰 기회를 발견했다. 그러나 대상 업체를 인수하려면 많은 인력을 해고할 필요가 있었고 경제적 가치를 회수하려면 그 업체의 상당 부분을 매각해야 했다.

그렇게 되면 나중에 여러 개의 사업들이 인수 이후 곧바로 어려움에 직면할 것이었다. CEO는 그 기회를 심사숙고했고 결국은 인수하지 않기로 결심했다. 처음에 그는 이사회와 고위 경영진에게 인수 제안을 추진하는 것은 서류상으로 볼 때 괜찮다고 보고했다. 하지만 기업 가치를 정밀하게 조사한 결과 실제의 모습은 서류와는 달랐고, 그에 따라 거래하지 않는 것이 좋다고 판단했던 것이다. 만일 CEO가 재무적 결과만 고려했다면 아주 다른 결과로 이어졌을지 모른다.

모든 리더들과 조직들은 사람들의 삶에 긍정적인 영향을 주라고 위임받았다. 앞서 언급한 그룹들 각각의 장기적인 활력은 적시에 정확한 결과를 내느냐의 여부에 달렸다.

결과는 아주 중요하다! 하지만 어떤 방법으로 결과를 내느냐도 역시 중요하다.

드러커의 질문들은 행동을 불러일으키는 동시에 관점을 명확히 설정하는 데에 여전히 매우 유용한 도구임을 나는 말하고 싶다. 그에 더해 내가 더 하고 싶은 말은, 모든 사람들은 조직의 행동과 결과물을 자신들의 믿음이라는 프리즘을 통해 검토해야 한다는 것이다. 그렇게 하면 누구나 자랑스러워할 만한, 옳은 방법으로 창출한 결과가 분명 나올 것이다.

CASE 4

엄청난 결과를 만들어낸 '약속의 연필' 스토리

애덤 브라운
Adam Braun

뉴욕타임스 베스트셀러 작가이자 전 세계에 300개 이상의 학교를 설립한 공로로 유엔에서 열린 공개행사장에서 '2014 올해의 교육기관상'을 수상한 '약속의 연필Pencils of Promise'의 창립자다. 《포브스》가 선정한 '30세 미만의 주목받는 젊은이 30인'과 《와이어드》가 선정한 '세계를 변화시킨 50인'에 이름을 올렸으며, 세계 경제 포럼의 '글로벌 셰이퍼Global Shapers 10인'에 선정되었다. 『연필 하나로 가슴 뛰는 세계를 만나다』라는 책을 썼다. www.adambraun.com

우리가 막 몇 개의 학교를 설립하던 몇 년 전 어느 날, 나는 서른 살이 될 때까지 '약속의 연필'이 서른 개의 학교를 설립하면 죽어도 여한이 없겠다는 말을 일기에 썼다.

그런데 우리는 이제 200여 개 이상의 학교를 개교했다. 돌이켜보니 많은 학교를 개교하면 행복한 사람으로 죽을 수 있겠다는 나의 생각은 어리석었다. 여전히 나는 더욱더 많은 것을 하고 싶기 때문이다.

어떤 일이 가능해지자마자 나는 다음에 할 수 있는 일이 무엇인지 생각하기 시작한다. 예컨대 연설하기 위해 무대에 오를수록 나의 자신감은 점점 커졌고, 다른 나라를 여행할수록 또 다른 나라를 방문하고 싶어졌으며, 내가 밤에 얼마나 오래 뜬눈으로 있었는지 상관없이 항상 일출을 보고 싶은 충동이 들었다. 이제 막 30대가 되고 보니 나의 20대 시절이 내게 가르쳐준 것이 무엇인지 깨달았다. 세상에 '최상'이라는 말은 없다는 것을 말이다.

완벽하게 살았노라고 외치며 결승선을 통과하는 삶은

존재하지 않는다. 필연적으로 우리는 우리의 업적들을 뒤따라오는 기대와 같은 속도로 전진하면서도 손에 닿는 것보다 앞서서 계속 움직여야 한다.

당신은 실패하거나 유명해질 것이고, 같은 날에 패자와 승자의 감정을 동시에 느낄 것이다. 그리고 그런 일은 반복적으로 일어날 것이다. 하지만 성공하는 사람들은 목표를 달성하는 것만으로는 만족하지 않기 때문에 몸에 묻은 먼지를 툭툭 털어내고 가던 길을 계속 가는 사람들이다. 그들은 다른 사람들 눈에는 불합리하게만 보이는 새로운 목표를 설정할 것이며, 그곳으로 가려고 의욕을 불태운다.

더 확실하게 말하면, 가장 성공적인 사람들은 목표를 달성하는 것으로 만족하지 않는다. 그들은 대담하게 결승선을 더 멀리 옮기고 그곳으로 가려는 동기로 충만하다.

믿을 수 없을 만큼 어마어마한 목표를 설정하라. 열정을 가지고 그 목표를 추구하라. 그리고 더 멀리 떨어진 곳으로 결승선을 이동시켜라.

질문

V

WHAT IS OUR
PLAN?

앞으로
무엇을 어떻게
할 것인가?

계획이란 기술이 아니라 책임이다

· 미션을 바꿔야 하는가?
· 목표는 무엇인가?

자가진단 과정은 조직의 목적과 미래의 방향을 간결하게 요약한 '계획'으로 이어진다. 계획은 미션, 비전, 목표, 목적, 실행방법, 예산, 평가 등 모두를 아우른다. 이제 미션을 확인하거나 변경하고 장기적 목표를 수립할 시점이다.

미션은 '우리의 목적은 무엇인가?' '우리는 왜 이 일을 하는가?' '나중에 우리는 무엇으로 기억되길 바라는가?'라는 질문에 답하는 것이다. 미션은 현재를 초월하는 지향점이지만 현재를 인도하고 현재를 알려주는 역할을 한다. 또한 옳은 일이 완수될 수 있도록 목표를 수립하고 조직의 자원을 동원하는 데에 뼈대가 되어준다.

미션과 목표를 수립하고 공식적으로 채택하는 일은 조직의 효과적인 관리를 위해 필수적이고, 이사회의 주요 책임 중 하나다. 따라서 계획에 포함되는 전략적 요소들(미션, 비전, 목표, 목적, 실행방법, 예산, 평가 등)은 반드시 이사회의 승인을 받아야 한다.

미션을 추구하기 위해서는 현재 실행해야 할 것들과 미래에 대한 구체적인 목표가 있어야 한다. 그러나 미래를

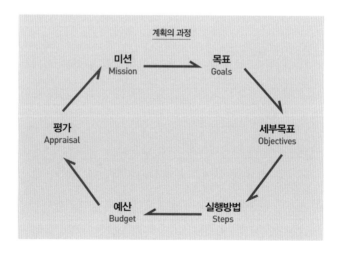

완벽히 대비하기 위해 계획을 수립하는 것은 아니다. 그런 시도 자체가 어리석은 일이다. 미래는 예측할 수 없기 때문이다. 미래의 불확실성에도 불구하고 계획을 수립하는 이유는 당신이 도달하기 '원하는' 특정 지점과, 그곳까지 이르기 위한 방법을 규명하기 위함이다.

계획을 수립했다고 해서 사실이 판단을 대신하는 것은 아니며 과학적인 경영방식이 리더십을 대신하는 것도 아니다. 계획을 수립할 때는 분석뿐만 아니라 용기, 경험, 직관, 심지어 육감이 중요하다는 것을 받아들여야 한다. 계획이란 기술이라기보다 '책임' 이기 때문이다.

근본적이고 장기적인 방향을 정하는 일

가장 어려운 도전과제는 조직의 목표, 즉 근본적이고 장기적인 방향을 합의하는 일이다. 목표는 대단히 중요한 것이지만 그 개수가 많아서는 곤란하다. 목표가 5개 이상이라면 아무것도 얻을 수 없다. 한꺼번에 너무나 많은 것을 이루려는 것은 과욕이다. 목표 설정을 통해 성공을 추구하는 조직의 표식인 '결과'를 성취하려면 어느 곳에 자원을 집중해야 하는지 아주 분명하게 밝혀야 한다. 목표는 미션으로부터 도출되는데, 조직이 나아갈 곳, 강점을 구축할 곳, 기회를 잡아야 할 곳이 어딘지를 제시해야 한다. 간단히 말해, 간절히 바라는 '꿈'의 윤곽을 보여줘야 한다.

계획에 포함될 사항 중 하나는 조직의 목표가 달성되고 미션이 성취될 때의 미래를 그려보는 '비전 선언문'이다. 드러커 재단의 비전은 '사회 부문이 건강한 공동체를 만들고 삶의 질을 향상시키는 주요 동력임을 사회가 인정하도록 만든다'다. 나는 이와 같이 이상적이고 시적인 선언문에 강렬한 동기를 부여받은 여러 조직들과 함께 일해왔다. 한 문장이든 한 페이지이든 비전 선언문이 계획에 생명을 불어넣어준다면 반드시 포함시켜야 한다.

다음은 어느 미술관의 비전, 미션, 목표다.

· **비전** 세계의 다양한 예술적 유산을 소중히 여기고, 사람들이 마음과 영혼의 양식을 찾을 수 있는 도시를 만든다.

- **미션** 예술과 사람을 함께 묶는다.
- **목표 1** 소장품을 보존하고, 뛰어난 작품을 찾고 수집하기 위해 파트너십을 공고히 한다.
- **목표 2** 대중적이고 학술적인 전시회, 지역사회 대상의 교육, 출판 등을 통해 사람들이 예술을 발견하고 즐기며 이해하도록 한다.
- **목표 3** 미술관 방문객을 크게 늘리고 회원들과 함께 미술관의 영향력을 강화한다.
- **목표 4** 최신식 시설, 기술, 운영방식을 유지한다.
- **목표 5** 장기적으로 재정의 안정성을 향상시킨다.

미션과 장기적 목표를 조직의 중심으로 삼는 것이 단기적인 과업을 통합하는 유일한 방법이다. 경영진은 항상 "이 과업이 우리를 근본적이고 장기적 목표로 인도하고 있는가, 아니면 궤도에서 벗어나 방향을 잃고 목표를 놓치도록 만드는가?"라고 물어야 한다.

성 어거스틴St. Augustine은 이렇게 말했다. "사람들은 기적을 위해 기도하지만 결과를 위해 일한다." 결과를 위해 일하도록 계획을 수립해야 한다. 그래야 의도한 바를 행동으로 옮길 수 있다.

세부목표는 조직이 목표를 향해 나아가는지를 구체적으로 측정하기 위한 것이다. CEO는 세부목표와 실행방법, 그리고 그에 따른 상세 예산을 수립할 책임을 진다. 이사회는 계획 수립 단계에 개입하면 안 된다. 만일 개입한다면 목표를 달성하는 방법에서 유연성을 발휘하려는 경영진의 핵심적인 권한을 침범하는 것이다.

계획을 수립하고 실행할 때 이사회는 미션, 목표, 결과를 위한 자원 배분, 진행 과정과 성과에 대한 평가를 책임져야 한다. 반면, 경영진은 효과적인 성과를 제시해야 할뿐만 아니라 세부목표, 실행방법, 예산 지원에 대해 책임져야 한다.

효과적인 계획의 다섯 가지 요소

---

1. **폐기**Abandonmen '잘 돌아가지 않는 것들'과 '지금까지 아무런 도움이 되지 않았던 것들'을 폐기할 것인지가 첫

번째로 결정할 사항이다. 유용성과 기능을 상실한 것들을 폐기해야 하는 것이다. 어떤 프로그램이든, 어떤 시스템이든, 어떤 유형의 고객이든 이렇게 자문해보라. "우리가 지금껏 이것(프로그램, 시스템, 고객)에 집중하지 못했다면, 앞으로는 어떤가? 계속해야 하는가?" 만약 답이 "아니다"라면 이렇게 질문을 던져라. "어떻게 해야 빨리 벗어날 수 있을까? 그것도 아주 빨리!"

2. 집중 Concentration '성공적인 것들'과 '잘 돌아가는 것들'에 집중해야 한다. 최고의 원칙은 성공할 수 있는 것에 노력을 쏟는 것이고, 그래야 최대의 결과를 얻을 것이다. 뛰어난 성과를 거두었을 때가 바로 "좀 더 높은 기준을 설정할 수 있는가?"라고 물어야 할 적기다. 집중은 필수적이지만 한편으로는 매우 위험하기도 하다. 올바른 곳에 집중해야 한다. 그렇지 않을 경우, 군대 용어로 표현하자면 '측면이 완전히 노출'되고 만다.

3. 혁신 Innovation 미래의 성공, 진정한 혁신, 상상력을 자극하는 다양성을 추구해야 한다. 새로운 기회와 조건, 그

리고 새롭게 떠오르는 이슈는 무엇인가? 그것들이 조직과 잘 맞는가? 정말 그것들을 믿는가? 그러나 조심해야 한다. 새로운 것을 추진하기 전에 "이것이 우리 방식이다"라고 말하지 마라. 대신 "이것이 필요로 하는 것들을 찾아보자. 고객가치는 무엇인가? 무엇이 최첨단의 것들인가? 우리가 어떻게 변화를 일으킬 수 있을까?"라고 말하라. 이 질문들의 답을 찾는 것은 매우 중요하다.

4. 위험 감수 Risk taking 계획에는 어느 시점에 위험을 감수해야 하는지에 관한 결정이 항상 포함된다. 어떤 위험은 감수할 만해서 무언가 잘못 진행된다고 해도 약간의 손실만으로 쉽게 되돌릴 수 있다. 어떤 결정은 큰 위험을 수반하지만 그렇다 하더라도 그런 위험을 피하기만 해서는 안 된다. 단기적 시각과 장기적 관점을 균형 있게 갖춰야 한다. 당신이 보수적이라면 기회를 잃는다. 반면 당신이 지나치게 빨리 몰입한다면 오래 지속하기가 쉽지 않다. 위험을 감수할 만한 결정이 무엇인지 알 수 있는 방법은 없다. 그런 결정은 기업가적인 결정이고 불확실할 수밖에 없는 결정이지만, 반드시 내려져야 한다.

5. 분석 Analysis 마지막으로, 계획을 수립할 때는 포기해야 하는지 아니면 집중해야 하는지, 새로운 것을 시작해야 하는지 아니면 특정 위험을 감수해야 하는지에 관한 시점을 인지하는 것이 중요하다. 전혀 알지 못하거나 확실치 않다 해도 말이다. 이때 필요한 것이 분석이다. 최종적인 결정을 내리기 전에, 미약하지만 필수적인 성과 영역, 예정된 도전, 형태를 드러내기 시작하는 기회를 검토해야 한다.

역할과 책임을 정하라

계획은 미션과 함께 시작되고, 실행방법과 예산으로 완성된다. 실행방법에서는 세부목표, 즉 누가 언제까지 무엇을 할 것인지에 대해 책임을 부여한다. 그리고 예산 작업을 통해 계획을 실행하는 데 필요한 자원을 배정한다.

계획을 이해하고 역할과 책임을 정하려면, 실행방법은 그것을 실행할 사람들에 의해 수립되어야 한다. 역할과 책임을 지는 모든 사람들이 의견을 제시할 기회를 가져야 한다. 그래서 이 과정은 매우 느리게 진행되는 것처럼 느껴지기도 한다. 하지만 모든 사람들이 의견을 제시할 수 있어야 계획이 완성되고 난 후 모든 사람들이 계획을 이해할 수 있다. 조직 내에서 좀 더 많은 사람들이 새로운 것을 원하고 몰입하고 행동할 준비를 갖추게 되는 것이다.

조직은 최종 계획이 이사회의 검토를 받을 수 있도록 준비해야 한다. 프레젠테이션과 토론이 이루어진 후에 이사회 회장은 미션, 목표, 예산에 대한 승인을 이사회에 요청해야 하며, 비전 선언문이 만들어지면 그것을 계획에 포함시키도록 역시 이사회에 제안해야 한다. 이렇게 승인이 순조롭게 이루어지면, 곧바로 실행하면 된다.

절대로 만족하지 마라

다섯 번째 질문, '계획은 무엇인가? 앞으로 무엇을 어떻게 할 것인가?'는 자가진단 질문 중 마지막 질문이다. 그래서 이것으로 모두 종료된다고 생각하기 쉽지만, 절대 그렇지 않다.

평가는 계속 진행되어야 한다. 목표를 달성하고 세부목표를 성취하는 과정을 모니터링해야 하고, 무엇보다 사람들의 삶을 변화시켰는지 그 결과를 측정해야 한다. 조건이 변하거나, 결과가 보잘것없거나, 놀라운 성공을 거뒀거나, 혹은 전혀 상상하지 못했던 방향으로 고객이 반응했을 때는 계획을 수정해야 한다.

진정한 자가진단이 이루어지려면 결코 한 번으로 끝내서는 안 된다. 리더들은 절대 한 번으로 만족해서는 안 되며 끊임없이 재연마하고 재수정해야 한다. 나는 당신이 특히 '우리는 무엇으로 기억되길 원하는가?'라는 질문을 계속 던지기를 바란다. 이 질문은 어떤 존재로 남을 수 있는지 주목하도록 만들기 때문에 당신 자신과 당신의 조직을 새롭게 할 수 있다.

"

당신은 아이디어가 빈곤하지 않다.

사실 당신의 머리는 아이디어로 가득 차 있다.

하지만 계획이 없으면,

그것은 그저 아이디어에 불과한 것이다.

"

INSIGHT 9

좋은 아이디어를 현실로 바꾸기 위한 4단계 구체적인 질문들

V. 캐스터리 랭건
V. Kasturi Rangan

하버드 경영대학원의 '말콤 P. 맥네어' 마케팅 석좌교수이며 『세계의 빈곤 퇴치를 위한 사업적 솔루션Business Solution for the Global Poor』, 『당신의 시장진출 전략을 전환하라 Transforming Your Go-to-Market Strategy』의 저자다. 1998년에서 2002년까지 마케팅 학과장을 역임한 그는 현재 '소셜 엔터프라이즈 이니셔티브'라 불리는 연구소의 공동의장으로 활동 중이다. www.hbs.edu

계획 수립은 조직의 전략 혹은 미션이 지향하는 목표를 실행 가능한 프로그램으로 변환하는 과정이고 구성원들이 조직의 목표를 어떻게 달성하는지 그 경로를 추적하는 프로세스다. 피터 드러커에 따르면, 조직의 미션은 비전, 목표, 세부목표, 실행방법, 예산, 평가와 마찬가지로 계획의 핵심 구성요소다. 그는 미션이 올바르게 설정된다면 다음과 같은 세 가지 질문에 답할 수 있다고 말했다. "우리의 목적은 무엇인가? 왜 우리는 이 일을 하는가? 마지막에 우리는 어떤 존재로 기억되고 싶은가?"

드러커는 조직의 관점에서 이 세 가지 질문을 언급했지만, 내 경험으로 볼 때 '청년 창업가'들에게도 이 세 가지 질문은 똑같이 적용할 수 있다. 청년 창업가란 자신이 사는 이 세상을 좀 더 나은 곳으로 변화시키고 싶다는 열정적인 갈망을 가진 젊은이를 말한다.

마케팅 교수로서 나는 학생들이 가난하고 무언가를 박탈당한 수천 명(수백만 정도는 아니다)의 사람들에게 긍정적인 효과를 줄 거라고 확신되는 신제품 아이디어를 내게 가져와 열정적으로 설명하는 경우를 자주 경험한다. 학생들은 자신들의 아이디어가 매우 큰 가치를 지녔기 때문에 성공에 필요한 탄력을 저절로 얻을 수 있을 것이라고 하나같이 확신한다.

사실 이런 아이디어들 상당수가 괜찮은 것들이지만, 나에게 아이디어를 가지고 오는 젊은 창업가들은 거의 모두가 동일한 근본적 문제를 가지고 있다. 그 좋은 아이디어를 현실로 바꾸기 위한 구체적인 계획이 없다는 것이다.

최근에 나에게 자신의 아이디어를 설명한 어느 열성적인 창업가의 이야기를 예로 들어보자. 그녀는 언제든지 공짜로 얻을 수 있는 주변의 식물을 재료로 써서 생리대를 만든다는 아이디어를 가지고 있었다. "납득할 수 있는 가격이고 어디서나 구할 수 있기 때문에 10대 소녀들이 생리기간 동안 결석이나 결근하지 않고 학교나 직장을 다닐 수 있을 거에요."라고 그녀는 열성적으로 이야기했다. 대견하게도 그녀는 목표가격뿐만 아니라 생산비용까지 정밀하게 추산했다. 그러나 내가 다음과 같은 질문으로 압박하자 그녀는 한걸음 뒤로 물러나 그때서야 곰곰이 생각하기 시작했다. "누가 고객인가? 10대 소녀? 아니면 엄마나 아빠인가? 누가 돈을 내지?"

내 경험상, 젊은이들은 아이디어가 빈곤하지 않다. 사실 그들의 머리는 아이디어로 가득 차 있다. 하지만 계획이 없으면, 그저 아이디어에 불과하다. 최종 소비자의 구매로 이어지지 못하게 막는 실질적인 장애물을 규명하려면 공급망 구축, 투자 유치, 신규 제품 및 서비스 출시, 유통 채널 마련 등 아이디어 이상의 일들이 필요하다. 학생들과 함께 아이디어를 현실화시키는 계획을 수립하는 것을 주제로 토론할 때마다 나는 보통 그들에게 다음과 같은 네 가지 질문에 대해 어떻게 답하겠는지 숙고해보라고 요구한다.

1. '해결하고자 하는 문제는 무엇인가? 누구를 위해서 그 문제를 해결하고자 하는가?'

납득할 만한 가격으로 생리대를 구하기가 어려운 문제는 개발도상국들이 겪는 중요한 사안이긴 하지만, 눈에 보이는 것 이상의 문제가 있다. 당연히 목표고객인 10대 소녀들은 돈이 없다. 그렇다면 누가 그들을 위해 구매자가 되어줄 것인가? 가정에서 이 신제품에 대해 사회적으로 또 문화적으로 어떤 태도를 보일까? 현재 소비자들 사이에 널리 퍼져 있는 구매 관행은 무엇인가? 아이디어가 유용하려면, 현지의 실상에 따라 반드시 조정돼야 한다. 그 문제를 해결할 수 있는가? 그것이 최종 소비자에게 유용할 것인가? 구매자들이 사고 싶다는 동기를 가질까?

2. '가치 사슬Value Chain'을 어떻게 완성할 것인가?'

제품은 난데없이 생기지 않는다. 설계도를 그리고, 시제품을 제작하고, 테스트하고, 생산하고, 마케팅하고, 판매하고, 유통시키고, 판매 후에는 서비스를 해야 한다. 가장 단순한 제품이라 해도 이런 가치 사슬은 복잡하기 마련이다.

예를 들어, 그 젊은 창업가는 흡수력이 뛰어난 특정 식물의 폐기물을 재료로 삼으면 된다는, 꽤 그럴듯한 원료 수급 방법을 생각해냈다. 하지만 누군가가 업체를 만들어서 그 식물 재료로 무언가를 제조한다면 한때는 공짜였던 원재료를 계속 공급받을 수 있을까? 지역에서 생산된 제품들이 실험실에서 만든 시제품과 동일한 기능과 품질을 보일 수 있을까? 제품을 방문 판매 방식으로 팔 것인가, 소매망을 통해 팔 것인가? 어떤 판매 경로를 선택하느냐에 따라 물류 프로세스와 물류비용도 달라질 것이다.

가격을 책정하려면 고객의 지불능력, 고객이 얻는 가치뿐만 아니라 실질적인 공급망 비용을 고려해야 한다. 그렇지 않으면, 스프레드시트로 만든 추정(요즘엔 소프트웨어의 발달로 이런 식의 추정은 식은 죽 먹기다)은 현실성이 제거된 장밋빛 미래에 불과할지 모른다.

3. '출시를 위한 계획은 무엇인가?'

아이디어의 타당성을 조사하고 가치 사슬을 얼추 규명하고 나면, 목표와 세부목표 그리고 돌발변수에 따른 대안을 포함한 사업계획을 반드시 수립해야 한다. 여기서 잠깐! 사업에 뛰어들기 전에 최종 소비자와 공급망과 관련된 모든 질문에 답이 있어야 한다고 말하는 건 아니다. 이왕이면 대안을 갖는 게 좋다. 그래야 기대한 대로 이루어지지 않으면 조정하고 반복할 수 있다. 효과적인 계획이라면 다음의 3가지 핵심요소를 반드시 포함해야 한다.

첫째, 몇 가지 운영 목표에 대한 집중이다. 창업가들은 공식적인 운영계획을 작성하는 것을 좋아하지 않는다. 부담스러워 하고, 시간 낭비라고 생각한다. 그러나 운영계획 작성은 모든 투자자들이 요구하는 것이다. 마케팅, 영업, 생산, 구매 등 모든 측면에 대해서 상세한 계획을 수립하려고 하는 거대 조직을 따를 필요는 없다. 창업가들(특히 청년 창업가들)은 조직 관점에서 핵심목표 몇 개로 표현되는,

상대적으로 단순한 계획을 수립하면 된다. 이런 운영 목표는 바인더가 아니라 카드에 옮겨 쓸 만큼 단순해야 한다. 이들 운영 목표들이 서로 잘 맞아들어가도록 만든 다음 재무제표를 생성해야 한다. 손익계산서는 성장 추정과 투자 요건 충족에 있어 현금 흐름표보다 덜 유용하다. 창업가가 재무분석을 좋아하든 그렇지 않든 간에, 재무분석이 없다면 어떠한 투자자도 사업의 정착과 성장을 위해 상당한 투자금을 내놓지 않을 것이다.

둘째, 확고한 방향성과 실행의 유연성이다. 드러커는 "계획 수립은 미래를 조종하기 위한 것이 아니다. 그럴 의도로 계획을 수립한다면 바보 같은 것이다. 미래는 예측 불가능하다"라고 했다. 그 이유는 목표에 이르기 위한 잠재적 대안들에 대해 열린 마음을 유지하는 것이 매우 중요하기 때문이다. 선택한 방향을 똑바로 유지하되, 다른 경로가 교차하는 지점에서는 유연성을 가져야 한다. 유연성과 학습하려는 자세는 효과적인 계획이 갖추어야 할 두

가지 중요 특징이다. 열정과 아이디어는 창업가를 몰입시킨다. 불확실성을 관리하는 것은 창업가의 DNA 일부가 되어야 한다. 그래야 고객과 비용에 관한 추정이 빗나갈 경우 계획을 폐기하지 않고 조정할 수 있다. 이것이 바로 대안적 경로와 가정을 일찍부터 생각해두는 것이 매우 중요한 이유다. 그런 생각을 미리 가지면 현장에서 습득한 새로운 데이터에 근거해 조정을 가할 수 있고 현장으로 돌아가 개선된 접근방식을 시도할 수 있다.

셋째, 모니터링이다. 모니터링은 더 나은 전략을 위해 필수적인 과정이다. 실행 과정을 모니터링하는 주요 목적은 계획 내 여러 요소들 간의 타당성을 이해하는 것뿐만 아니라 그 요소들이 당초 의도한 대로 이루어지는지 살피는 것이다. 그래서 만약 방문 홍보 혹은 방문 판매의 목적이 생리대의 가치를 엄마들에게 이해시켜서 딸들에게 영향을 끼치도록 하고 딸이 원하는 생리대를 사주도록 아빠들을 설득하는 것이라면, 판매 결과를 살피기 전에 그와 같은 가정 방문의 양적, 질적 측면을 모니터링하는 것이 중요하다. 계획의 모든 주요 요소들은 측정 가능한 '덩어리'로 쪼개져야 하고 반드시 각각 모니터링 되어야 한다.

애석하게도 창업가들은 이런 일을 무시하기가 매우 쉽다. 그들은 합쳐진 결과만을 보고 무엇이 잘 작동하고 무엇이 그렇지 못한지 그저 자신들의 예감에 의존하여 사업을 끌고 간다. 그러는 바람에 자신들의 아이디어와 열성을 현실로 이루는 데 필요한 데이터와 합리적 근거를 확보할 수 있는 거대한 기회를 놓치고 만다.

4. '당신의 출구 전략은 무엇인가?'

출구 전략은 기업 공개IPO나 사업 매각 등과 같은 현금 확보 방법만을 의미하는 것은 아니다. 그럴 가능성도 있겠지만 '사회적 기업'의 경우 출구 전략이란 아이디어 자체의 장기적 지속가능성을 보장하기 위해 해결책의 지속성을 보장하는 것을 뜻한다.

생리대의 사례로 다시 돌아가자. 생리대를 소규모 시장에 직접 판매하면 어느 정도 성공을 거둘 수도 있지만, 제품의 유용성을 사람들에게 교육하고 제품을 유통시키는 책임을 나눠질, 개발도상국 현지에서 활동하는 비영리조직과 파트너십을 맺는다면 이 아이디어는 더 큰 성공을 거둘 수도 있다. 그러면 아이디어와 사회적 가치 모두의 장기적 지속가능성을 보장하는 데 도움이 된다.

사업의 규모 확장은 아마도 가장 어려운 일 중 하나다. 하나의 생태계에서 잘 작동되던 것도 다른 생태계에서는 부적합할 수 있기 때문이다. 사업의 중요한 요소들을 스스로 복제할 능력을 갖추었을 때라면 자신들의 성공적인 비즈니스 모델과 규모의 모든 측면들을 주의 깊게 확장시켜볼 수 있을 것이다. 만약 복제할 능력이 없다면, 협업 관계를 맺기 위해 적합한 파트너들을 확보하는 것이 계획의 필수 주제가 되어야 한다.

INSIGHT 10

지속가능성을 위한 계획 수립, 여섯 가지 교훈을 활용하라

주아나 보르다스
Juana Bordas

'메스티자 리더십 인터내셔널Mestiza Leadership International'의 대표이자 '내셔널 히스파나 리더십 연구소National Hispana Leadership Institute'의 창립 CEO다. 그녀는 크리에이티브 리더십 센터 최초의 라틴계 교수였다. 『살사, 영혼, 그리고 정신 Salsa, Soul, and Spirit』의 저자로 2008년 국제 라틴계 출판대상 리더십 분야의 상을 수상했다. 또 하나의 서서 『라틴계 리더십의 힘The Power of Latino Leadership』으로 2014년 가장 뛰어난 다문화 관련 서적에게 주어지는 노틸러스 어워드를 수상하기도 했다. www.mestizaleadership.com

피터 드러커가 말했듯이, 효과적인 계획이 되려면 다섯 가지 요소를 포함해야 한다. 바로 폐기, 집중, 혁신, 리스크 수용, 분석이다.

그렇다면 계획 프로세스에 담는 모든 작업들이 정말로 효과적인지는 어떻게 알 수 있을까?

내 경험으로 볼 때, 리더가 자신의 조직이 효과적인 계획을 가지고 있는지를 파악하기 위한 가장 좋은 방법은 본인이 속한 조직이 '세월의 테스트'를 견뎠는지 보는 것이다. 1976년에 나는 여성을 위한 미 카사 자원 센터Mi Casa Resource Center for Women의 설립 회의에 참석했다. 미 카사는 여성에 초점을 맞춘 첫 번째 히스패닉 비영리조직 중 하나로서 의미가 있다.

그 후 나는 1986년까지 10년 동안 이 센터의 이사회 의장, 청년 프로그램 담당 이사, 상임 이사 등으로 활동했다. 설립된 지 거의 40년이 된 미 카사는 현재 콜로라도 주의 가장 큰 히스패닉 봉사조직이 되었고 라틴계 여성들을 위한 경제권 강화 및 자급자족의 모델로서 전국적으로 알려져 있다.

이처럼 경제적으로 또 정치적으로 격변의 시기에 살아남았고, 오히려 더욱 번성하는, 이와 같은 공동체 기반의 비영리조직들로부터 계획 수립에 관해 우리는 어떤 교훈을 얻을 수 있을까? 사회적 벤처 기업 혹은 자신만의 기업을 창업하길 원하는 밀레니얼 세대들이 어떻게 그런 교훈을 활용하여 계획을 수립하고 성공적으로 조직을 유지할 수 있을까?

1. 리더십을 위한 계획

미 카사의 조직 위원회는 '헤드 스타트(Head Start. 저소득층 미취학 아동을 대상으로 초등교육에 적응하는 지식과 태도를 키우고자 1964년 미국에서 시작된 국가 차원의 프로젝트)'의 어머니들과 전문직에 종사하는 히스패닉 여성들로 구성됐다. 미 카사는 봉사할 대상자들과 조직에서 경험을 갖춘 여성들을 한

데 모으는 것이 매우 중요했다.

　나와 같은 전문직 여성들은 동일한 환경에서 자랐기에 라틴계 여성들이 성공하는 데 필요한 것이 무엇인지 잘 알고 있었다. 그래서 고객이 중심인 조직(나는 이것이 핵심요소이고 전제조건이라 믿는다)으로 나아갈 수 있었고 성공적인 장기 계획으로 이어질 수 있었다.

2. '고객 중심'과 '결과 지향'의 계획

　리더들의 회의 자리에 고객이 앉아 있을 때는 고객이 누구인지 쉽게 알 수 있다. 그러나 드러커는 경고한다. "고객을 만족시킨다고 믿으며 행동하는 것은 위험하다. 고객을 찾아가라."

　우리는 저소득 히스패닉 여성들이 원하는 것이 무엇인지 알기 위해 가정 방문을 통한 설문조사를 시행했다. 결과는 예상 가능한 것들이었다. 괜찮은 일자리뿐만 아니라 고등학교 수료, 능숙한 영어, 학습 장소 지원 등 어린 라틴계 소녀들이 학교를 마칠 수 있게 돕는 것들이었다. 이런 니즈들이 미 카사에서 실시하는 프로그램의 핵심으로 지속되고 있다.

미 카사의 성공은 또한 지원고객, 즉 자원봉사자, 기금 제공자, 타 기관, 공동체 리더들을 확보하는 데 달려 있었다. 미 카사는 수치와 결과에 초점을 맞춰 여러 기업 및 재단들과 파트너십을 구축했다.

내가 이사가 되었을 때, 기금 제공자들이 고위험 라틴계 청소년이 고등학교를 마치도록 돕는 프로그램에 1800달러를 투자하면 콜로라도 주가 해당 청소년의 일생에 걸쳐 20만 달러의 세금을 걷을 수 있는 수준에 이를 수 있었다 (세금을 낼 만큼 안정적인 직장을 갖게 되었다는 뜻이다). 85%가 고등학교를 마쳤고, 50% 넘게 대학교 이상의 교육을 받게 되었으며, 기금 제공자들이 능력을 갖춘 인재를 찾는다면 미 카사가 인력을 제공할 수도 있었다.

현재에도 미 카사는 고용주의 니즈를 만족시키기 위해

2개 국어가 가능한 은행 직원 양성, 컴퓨터 수업, 건강관리, 고객 서비스 등의 프로그램들을 계획 수립 프로세스에 통합시키는 전통을 지속하고 있다.

3. 미션에 근거하되 시대 변화에 맞추는 계획

장기적 계획을 수립하는 데 있어 가장 중요한 동인은 미션이다. 피터 드러커는 이렇게 언급했다. "계획은 미션에서 시작한다."

미 카사는 미션뿐만 아니라 그 미션을 가슴에 품은 여성들을 보유하고 있었다. 1976년에 히스패닉 여성들을 위한 비영리조직을 결성했던 것은 획기적이고 고무적인 일대 사건이었다.

게다가 집 안에 여성의 심볼이 함께 그려진 모양의 미 카사 로고는 라틴계 여성들이 발전하면 그들의 가족과 공동체 역시 발전할 것임을 상징했다. 미 카사의 미션은 2008년에 새로운 것을 잉태하기에 충분할 정도로 폭이

넓었다. 바로 라틴계 가족들의 경제적인 성공을 증진시키자는 것이었다.

미 카사는 히스패닉 계층에 초점을 맞추었지만, 다른 계층들에게도 문을 열어 놓음으로써 다양한 문화를 포괄하는 집결체가 되었다. 오늘날에는 특별히 밀레니얼 세대들에게 관심을 두고 있다.

그렇다면 네 세대가 한데 어울리면서도 나란히 잘 운영되는 조직을 어떻게 구축할 수 있을까? 계속 커질 수밖에 없는 다양성에 대비하려면 어떻게 계획을 세워야 하는 것일까?

4. 다양한 문화를 포괄하기 위한 계획

뚜렷한 계층을 대상으로 한 조직들은 고객들의 특별한 니즈에 반드시 응답해야 한다. 미 카사는 히스패닉 여성들이 주류 문화권에서 잘 살아가기 위해 필요한 자신감을 얻고 스킬을 배울 수 있는, 일종의 문화적 오아시스와도

같았다.

처음 임대하여 개설한 센터의 현관에는 너그러움, 나눔, 포용이라는 라틴계 사람들의 가치를 반영하듯 '미 카사에 오신 것을 환영합니다'란 글이 스페인어로 써 있었다. 미 카사의 성공은 상당 부분 '개방 정책'에서 나왔다. 미 카사는 이사회 멤버를 다양하게 구성한 최초의 히스패닉 대상 비영리조직 중 하나였다. 이사회의 유력자들은 성공을 위한 지지자들이 되었다. 다양한 문화를 포용하려면 조심스러운 계획, 적극적인 원조 활동, 관계 구축뿐만 아니라 누구든지 환영하는 마음이 필요하다.

5. 배움으로 미래의 성공을 보장하는 계획

드러커는 돈을 위해 미션을 경시하는 오류를 범하지 말아야 한다고 경고했다. 1980년대에 여러 재단들은 기금 마련을 위해 수익사업을 런칭하라고 비영리조직들을 재촉했다.

미 카사는 시장의 니즈, 라틴계 여성들이 지닌 스킬, 초기 설립 자금과 파트너에 관해 세심한 분석을 끝낸 후에 '어 우먼스 터치A Woman's Touch'라는 청소 서비스를 런칭했다. 여기에 서비스 제공자로 참여하는 여성들은 일반 청소업체에서 일할 때보다 30% 정도 더 많은 돈을 벌 수 있었다. 헌데 1년 안에 그 여성들은 자신들만의 청소 서비스 업체를 차려 독립해버렸다. 그래서 이 사업으로 운영비를 벌겠다는 원래의 계획은 물거품이 되었다. 하지만 우리는 이 사업을 통해 사업체를 운영하는 방법을 배울 수 있었다.

때때로 실수는 가장 좋은 스승이기도 하다. 라틴계 여성 계층은 오늘날 가장 빠르게 성장하는 소규모 사업의 좋은 일꾼들이다. 1988년에 미 카사는 라틴계 여성들과 창업 희망자들을 돕기 위해 자체 비즈니스 센터를 열었다. 2013년에 80개의 사업체가 문을 열었고 모두 합해 750만 달러의 매출을 올렸다.

6. 지속가능성을 위한 계획

수십 년간 여러 가지 신규 프로그램들을 계획하고 경험하고 학습했음에도 불구하고 미 카사의 핵심미션은 여전히 유효하다. 우리는 장기적으로 효과적인 계획이 되려면 다음의 핵심요소들이 필요하다는 것을 배웠다.

· 미션은 반드시 심오한 의미를 담아야 하지만 변화하는 조건에 적응할 수 있어야 한다. 미션은 대상으로 삼는 사람들(즉 고객들)로부터 나올 때 가장 강력하다.

· 항상 고객 중심이어야 하고 동시에 결과 지향적이도록 하라.

· 권한과 책임이 분산된, 리더들의 커뮤니티(직원, 이사회, 고객, 지역사회 파트너들)가 이끌도록 하여 지속성과 성공을 낳도록 하라.

· 프로그램의 목표에 초집중하고 고객, 비용, 만족도

를 모니터링 하라.

· 문화적으로 집중된 서비스를 제공하면서도 포용
력 있는 환경을 양성하라.

· 유연성을 유지하면서 항상 학습하라. 실수가 위대
한 자산임을 기억하라.

CASE 5

계획은 쌓여 있기만 한 죽은 문서가 아니다

캐롤린 고슨
Caroline Ghosn

레보 리그Levo League의 공동창업자 겸 CEO다. 레보 리그는 기술을 사용하여 회원들이 각자의 재능을 개발하고, 인맥을 형성하고, 서로 학습하는 데 필요한 도구를 갖추도록 돕는 회사다. 2012년에 뉴욕과 샌프란시스코에 첫 사무실을 열었고 이후 회원 규모가 900만 명 이상으로 확장되었다. 그녀는 매거진《패스트컴퍼니》로부터 '비즈니스계의 가장 창의적인 인물' 중 한 명으로 선정되었고, 디지털미디어 채널《마셔블》로부터 '모든 기업가들이 알아야 할 여성 창업자'라는 칭송을 들었다. www.levo.com

리더로서 당신이 할 수 있는 가장 중요한 일은 비전을 표현하는 것이다. 그렇게 해야 여러 면에서 당신보다 더 똑똑하고 더 경험이 많고 더 나은 사람들을 규합시켜서 '저 먼 지평선'을 향해 조직 전체를 움직이며 속도를 낼 수 있다.

명확한 계획 없이는 비전을 설명할 수 없다. 손에 잡힐 듯 구체적이어야 사람들은 당신이 힘을 합치자고 독려하는 순간 팔로 감싸 안듯 자신의 것으로 받아들일 수 있기 때문이다.

계획이 명확할수록 당신이 영감을 줄 사람들과 헌신하기로 결심한 사람들 간의 손실요소가 적어진다. 그리고 헌신하기로 결심한 사람들과 당신이 공유한 목표를 향해 가는 동안 취하는 행동들 간의 손실요소도 적어진다. 비전을 표현하는 과정에서는 물샐틈없는 완벽을 기하라. 이때 틈을 막는 가장 강력한 밀폐재가 바로 계획이다.

데이터가 분명히 보여주듯이, 밀레니얼 세대가 다양한

기업들을 창업하고 경영하고 있다. 그들에겐 과거 어느 때보다 성공 기회가 풍부하다. 이것은 우연의 일치가 아니다. 밀레니얼 세대는 자신들이 어디로 가는지에 관한 설계도로서 계획을 집요하게 수립하고자 한다. 그뿐만 아니라 계획을 따라가며 학습하기 위해서 계획의 범주 내에서 반복적으로 실험한다.

당신이 계획에 관해 말한다면, 그것은 살아 있는 무언가를, 필요할 때마다 변화하는 무언가를 의미한다. 계획은 쌓여 있기만 한 죽은 문서가 아니다. 계획은 두뇌 플레이를 위한 모래 놀이통과 같아서 당신의 조직에서 가장 뛰어난 사람들과 함께 반복 실험하고 서로가 공유하는 결과를 가시적으로 나타낼 수 있어야 한다.

밀레니얼 세대와 인터뷰한다면, 그들 중 상당수는 이와 같이 말할 것이다.

"저는 세상을 바꾸는 무언가를 만들고 싶습니다." "저는 환경 보호에 기여하고 싶습니다." "저는 교육을 통해서 세계 여성들이 처한 상황을 개선시키고 싶습니다."

대담한 해결책을 필요로 하는 문제들은 차고 넘치며, 그 문제들 중 많은 것들이 촌각을 다투어야 할 상황이다. 빨리 움직여야 한다. 하지만 방향 없이 움직여서는 곤란하다. 빨리 가면 갈수록 경로에서 조금만 옆으로 비껴나도 나중에는 경로를 완전히 이탈하는, 완전히 반대된 상황에 처할 수 있기 때문이다. 계획을 수립하고 계획 안에서 작은 변화들을 계속 시도할 필요가 있는지 평가하도록 데이터를 수집해야만 계속 집중할 수 있다. 어떤 경우에는 큰 변화가 필요하기도 하다.

계획을 따라가다 보면 더 이상 그 계획이 제대로 작동하지 않는 것 같다는 가설을 발견하는 순간이 찾아올지 모른다. 그렇다면 그 계획은 성공적인 계획이다. 과학자처럼 생각하라. 가설이 잘못됐다고 드러나는 지점에 이르렀다면, 그건 좋은 것이다. 시간을 아낀 것이고 가치 있는 무언가를 배웠다는 뜻이니까.

당신은 성공과 실패를 구분하는 경계선과 모서리를 가

져야 하며, 그에 따라 계획을 보완해야 한다.

옛 속담이 말하듯이, 준비된 자에게 행운이 찾아온다. 선견지명이 있는 리더에게 준비란 무기고에 쌓아둔 여러 무기 중에서 가장 신뢰할 만한 도구다. 계획은 갑작스럽게 만나게 될 승리를 평가해주고 비싼 대가를 치르기 전에 "진입 금지! 돌아가시오"란 표지판을 보여줌으로써 손실을 경감시켜준다. 잘 만들어진 계획은 조직 구성원들이 모두가 한 방향으로 움직일 수 있도록 공통적인 언어를 제공한다.

변혁적 리더십을 위한
여덟 가지 이정표

Transformational Leadership

규칙이 끊임없이 변화하고 진화하는 세상에서 경제계 모든 부문의 수백만 사람들이 새로운 리더십을 요구하고 또 요구받고 있다. 새로운 일, 사업, 프로젝트 앞에서 많은 리더들은 자신과 자신의 조직이 나아가야 할 길을 찾기 위해 고뇌하고 또 씨름하고 있다. 어디에서나 리더들과 관리자들은 본질적 도전에 대해 동일한 목소리를 내고 있다. 그 도전이란 지금 서 있는 곳으로부터, 희미한 미래에 서 있기를 원하는 곳까지 이동하려는 '변혁'의 여정이다. 기업, 대학, 신앙 공동체, 정부, 새로 부상하는 사회 부문 등 전 세계의 리더들은 각자의 조직을 변혁시키기 위해 고군

분투하고 있는 것이다.

몇 년 전에 나(프랜시스 헤셀바인)는 '브라이트 차이나 경영연구소Bright China Management Institute'의 강연 초청으로 네 명의 선구적 사상가들과 함께 중국을 방문한 적이 있다. 중국 측 동료들과 논의하는 동안 우리는 구세군, 미국 육군, 셰브런Chevron, 미국건축가협회와 함께 수립했던 미션의 힘을 설명하기 위해 동일한 언어를 사용했다. 즉, 비전, 미션, 목표를 언급했던 것이다.

언어권마다 사용하는 실제의 단어는 달랐지만, 그런 단어들이 갖는 힘은 보편적이다. 어떤 부문 혹은 어떤 문화권에 속한 사람들이라 해도 공통의 언어를 사용하면 조직을 변혁시키는 데 도움을 주는, 매우 의미 있는 대화를 나눌 수 있다.

나는 '적합하고 실용적이며 효과적인 조직'이라는 목적지에 다다를 때까지 일반적으로 여덟 가지의 이정표를 통과해야 한다는 점을 발견했다. 이 이정표들은 대기업이나 정부기관, 대규모 비영리조직이나 소규모 공동체에 이르기까지 동일하게 적용된다.

에필로그

환경을 탐색하라

독서, 설문조사, 인터뷰 등을 통해 우리는 조직에 영향을 미칠 것 같은 주요 트렌드를 파악한다. 전략의 본질은 그런 트렌드가 지닌 함의를 규명하는 것이다. 때때로 우리는 대세가 흘러가는 조짐을 미리 알아차림으로써 그 트렌드가 나타나기 시작할 때 대응 프로그램이나 프로젝트를 준비할 수 있다.

떠오르는 트렌드와 그 함의를 평가하다 보면 계획 수정에 필수적인 배경지식을 얻을 수 있고, 선입견이 배제된 행동의 근거를 찾을 수 있다. 그러나 잘못된 가정에 기초하면 언젠가 무너지기 마련이다.

케인 사르한Kane Sarhan과 샤일라 이티체리아Shaila Ittycheria는 청년 실업 문제뿐만 아니라 고등교육비 상승 문제를 해결하고자 엔스티튜트Enstitute라는 비영리조직을 설립했다. 이 조직은 청년들에게 고성장 스타트업 기업, 소기업 및 대기업 등에서 1년간 상근 인턴으로 일할 수 있는 기회를 제공함으로써 청년들이 직무 능력을 갖추고 자신의 경력을 뻗어가도록 돕는다. 그러기 위해 엔스티튜트는 어려움에 처한 회원들(청년들)과, 공통의 목표를 향해 함께 일하는 동안 기꺼이 멘토를 자청한 기업가들(혹은 임원들)을 서로 연결시켜준다.

케인과 샤일라는 얼마 전 워싱턴 DC에서 두 번째 프로그램을 시작한 후에(엔스티튜트는 뉴욕 시에서 처음 설립됐다) 그들의 프로그램을 세인트루이스까지 확장하겠다고 발표했다. 세인트루이스는 미국 내에서 스타트업 기업들이 가장 활발하게 활동하는 곳이기도 하다. 이러한 세인트루이스의 독특한 환경은 청년들에게 '한창 뜨는 도시'에서 일할 수 있는 기회를 제공하고 있다. 항상 미래를 바라보려는 케인과 샤일라는 회원 수 500명 이상을 확보한다는 목표를 세우고 계속 앞으로 나아가고 있다.

미션을 재검토하라

프랜시스 헤셀바인 리더십 연구소에서 우리는 3년마다

미션을 재검토하고, 필요하다면 가다듬는 과정을 거친다. 재단을 설립한 지도 25년이 넘었다. 우리는 현재까지 여러 차례 미션을 재검토하고 수정했는데, 이는 처음에 피터 드러커와 한 방에 모여 만든 미션이 옳지 않아서가 아니라 우리의 초점을 더욱 명확히 하기 위해서이고 폐기할 것은 폐기하기 위해서였다(그 과정에서 재단의 이름까지 바꾸기도 했는데, 그 이유는 드러커 사후에 그의 이름이 가족들에게 귀속됐기 때문이었다).

미션 선언문을 통해 우리가 우리의 일을 왜 하는지, 우리의 존재 이유 혹은 존재 목적은 무엇인지를 간단하게 설명해야 한다.

경영은 도구이지 목적은 아니라는 점을 알기 때문에 우리는 '경영을 위한 경영'이 아니라 '미션을 위한 경영'을 한다.

또한 우리의 미션은 운영 방식을 정의하기 위함이 아니라 우리의 존재 이유를 밝히는 것이다. 미션은 명확하고 강력해야 하며 설득력 있게 핵심을 찔러야 한다.

미션을 재검토할 때 우리는 드러커가 여러 조직에게 던졌던 가장 중요한 질문 다섯 가지 중 처음의 세 가지 질문을 스스로에게 묻곤 한다.

'미션은 무엇인가: 왜, 무엇을 위해 존재하는가?' '고객은 누구인가: 반드시 만족시켜야 할 대상은 누구인가?' '고객가치는 무엇인가: 그들은 무엇을 가치 있게 생각하는가?'

이 세 가지 질문에 올바로 답한다면, 미션을 위한 경영의 길을 똑바로 가고 있다고 볼 수 있다.

위계구조를 폐기하라

변혁을 시도하려면 구성원들을 조직이라는 틀에서 끄집어내어 유연하고 유동적인 경영 시스템 안으로 이동시켜야 한다.

우리는 구성원들을 조직 구조도에 나오는 조그만 네모 칸으로 계속 몰아넣을 수는 없다. 그렇게 하면 심리적으로 사람들을 속박하는 것이다. 그래서 나는 동그라미 형태를 선호한다. 유기체처럼 보이는 인력구조 속에서 직무와 직위를 동심원 모양으로 나타내는 것이다.

직무순환을 통해 업무능력을 증대시킬 수도 있다. 구성원들은 원형으로 직무를 이동하면서 새로운 스킬을 배우고 직위를 확장해가는 것이다. 위계구조는 자신의 '작업도구toolkit'를 머릿속에 담고 다니는, 오늘날의 지식근로자들에게는 어울리지 않기 때문에 폐기를 고려할 필요도 있다고 본다.

진리에 도전하라

모든 정책, 관습, 절차, 가정의 정당성에 도전할 때는 성역이 있으면 안 된다. 모두가 진리로 여기는 것에도 과감히 도전하는 자세가 필요하다. 유의미하고 가치 있는 변혁은 이런 과감한 도전에서 이뤄지는 것이기도 하다.

변혁의 과정에서 조직은 '계획적인 폐기'를 실행해야 한다. 현재 잘 돌아가는 프로그램, 정책, 업무 관행이라 해도 미래에 적절치 않거나 미래를 위해 구축하고자 하는 조직에 부합하지 않는다면 과감히 폐기해야 한다.

'언어의 힘'을 이용하라

리더는 반드시 간명하고 일관성 있는 메세지를 되풀이하여 전달해야 한다. 모든 고객 및 이해관계자들과 소통할 때는 그들을 연결시키고 계몽시키는 강력한 몇 마디의 메시지로 리드해야 한다.

에어비앤비는 세계적 규모의 직거래 사이트로서 믿을만하고 안락한 숙박을 원하는 여행객들을 잠자리를 제공하고자 하는 집주인들과 연결시켜준다. 에어비앤비의 창업자들인 브라이언 체스키Brian Chesky, 네이선 블레차르치크Nathan Blecharczyk, 조 게비아Joe Gebbia는 "우리의 미션은 무엇인가? 왜, 무엇을 위해 존재하는가?"란 질문을 던졌을 때, 모든 답들은 '어디에서든 집처럼'이라는 지향점을 가리켰다고 말한다. 고객들에게 적절한 글로벌 커뮤니티를 구축하려면 처음부터 모든 사람들이 어느 곳에서든 집처럼 편안함을 느낄 수 있어야 했다. '어디에서든 집처럼'이라는 지향점이 에어비앤비의 핵심이다. 그토록 강력한 열망, 그리고 그 열망을 언어로 표현하는 일은 조직을 변혁의 과정으로 인도하는 데에 아주 필수적이다.

리더십을 조직 전체에 분산시켜라

모든 조직은 한 명의 리더가 아니라 여러 명의 리더와 함께해야 한다. 어떤 사람은 권한이양Empowerment을 주장하고, 또 어떤 사람은 '리더십 임무의 공유'를 말하기도 한다. 그런 말 대신에 나는 '리더십의 분산'이라고 표현한다. 조직의 모든 계층에 걸쳐 리더십이 양성돼야 한다는 뜻이다. 리더십은 조직의 모든 구성원들이 공유하는 책임 중 하나가 되어야 한다.

뒤에서 밀지 말고 앞에서 끌어라

미래의 리더는 울타리에 걸터앉아 어느 방향으로 바람

이 불지 기다리는 사람이어서는 안 된다. 리더는 조직에 영향을 끼치는 이슈에 명확한 입장을 표현해야 하고, 자신의 조직 가치와 원칙을 구현하는 존재여야 한다. 모름지기 리더라면, 바람직한 행동의 본이 되어야 하고, 약속을 어기지 말아야 한다.

리더십이란 어떻게 하느냐의 문제가 아니라 어떤 존재가 되느냐의 문제라는 걸 잘 알아야 한다.

성과를 평가하라

자가진단은 진보를 위해 필수적이다. 미션, 목표, 세부 목표를 명확히 하고, 잘 정의된 실행방법과 계획을 세우고, 적합한 목표와 측정 지표를 갖고 변화라는 여행을 떠나는 것이다. 여행의 클라이맥스에 해당하는, 마지막 시점에 이르면 성과를 평가하고 변화를 축하할 수 있다. 그렇게 하려면 '피터 드러커의 다섯 가지 질문' 중 마지막 두 개의 질문을 던져야 한다. '우리의 결과는 무엇인가: 어떤 결과가 필요하며, 그것은 무엇을 의미하는가?' 그리고 '우리의 계획은 무엇인가: 앞으로 무엇을 어떻게 할 것인가?'

세계 곳곳의 리더들에게 변혁의 여정이란 '미래로의 여행'을 뜻한다. 이 여행을 하는 리더들은 현재의 조직을 생산성도 성과도 높은 기업으로 탈바꿈시킬 것이다. 이 여정의 이정표는 볼 수 있어도 목적지는 아무도 가본 적이 없는 곳이다. 각 조직이 향할 목적지는 눈앞에 보이는 현실뿐만 아니라 미션 자체와 미션을 고무시키는 리더십에 의해 결정될 것이다.

"
결과를 결정하는 것은
결국 리더의 특성과 성격이다!
"

CASE 6

자신의 특성을 고려하여 리더십을 발휘하라

로렌 메일리언 바이어스
Lauren Maillian Bias

전략적 마케팅과 브랜드 컨설팅 회사인 LMB 그룹의 창업자이자 CEO로서 고객에게 직접 마케팅에 관한 자신의 지식을 열정적으로 전수하고 있다. '젠 와이 캐피탈Gen Y Capital'의 창업 멤버이기도 하다. LMB 그룹에 합류하기 전에 버지니아 주에서 아프리카계 미국인들이 소유하고 운영하는 '슈거리프 바인야드Sugarleaf Vineyards'의 최고운영책임자COO를 역임했다. 『새로 설정된 길The Path Redefined』의 저자다. www.laurenmbias.com

30세가 되기 전에 편부모가 된 나는 인생의 동반자를 찾는 과정에서 나 자신을 성찰하고 연마할 수 있게 되었다. 개인적 관계에 있어 매우 중요한 성격이 비즈니스 관계에서도 아주 중요한 성격적 특성이 된다고 나는 생각한다. 리더로서 나의 '특징'을 항상 고려한 것이 내가 좀 더 나은 사업가가 되는 데에 도움이 되었기 때문이다.

이전 세대에 비해 밀레니얼 세대는 직업적 성공과 개인적 성공이 상호의존적으로 나타난다. 그래서 개인적 관계에서 타인으로부터 기대하는 특성이나 성격이 직업적 삶에도 동일하게 적용되곤 한다.

조직은 이력서에 기재된 스킬만을 보고 지원자를 채용하지 않는다. 스킬이 뛰어나다고 해도 윤리 기준이 애매하거나 견고하지 못하고 신뢰할 만하지 않은 사람들이 있기 때문이다.

경영자들은 믿을 수 있고, 착실하며, 똑똑하고, 적응력이 뛰어나며, 유연하게 대처할 줄 알고, 효과적으로 일하기 위해 무엇이든 기꺼이 배우려고 하는 사람을 채용하려고 하며, 그런 사람들과 협력관계나 파트너십을 맺으려고 한다.

개인적 삶을 직업적 경력으로 전환시킨 나의 이야기를 들려주겠다. 어쩌다가 나는 스타트업 기업인 '젠 와이 캐피탈 파트너스'를 초창기에 도울 수 있는 기회를 얻게 되었는데, 내가 매우 훌륭한 투자자였기 때문이 아니라, 성격적 특성상 판단력이 매우 좋았기 때문이었고, 투자 기회를 분석하고자 하는 마인드가 뛰어났기 때문이었으며, 사람들이 내가 한번 하기로 하면 무섭게 몰두한다는 것과 초보 투자자로서 성공하기 위해 알아야 할 것이면 무엇이든 기꺼이 배우려 한다는 것을 알고 있었기 때문이다.

개인적 삶에 있어서 매우 중요한 특성이나 성격이 무엇인지 조심스럽게 고려한다면, 사업적 삶으로의 변화를 충분히 이끌고 견뎌낼 수 있다. 프랜시스 헤셀바인이 썼듯이 "결과를 결정하는 것은 결국 리더의 특성과 성격이다."

자 가 진 단 프 로 세 스

Self-Assessment Tools

'생각의 가이드'를 따라 실천하라

자가진단 도구는 유연하게 쓰이도록 개발되었다. 이 책의 내용을 어떻게 사용하느냐는 당신이 처한 환경과 자가진단을 실시하는 목적에 따라 다르다. 이 책은 아무런 이유 없이 당신에게 주어진 것이 아니다. 당신이 자가진단에 관심이 있거나, 누군가(경영자, 상사, 강사 등)가 자가진단을 계획하면서 당신이 자가진단 과정에서 나름의 역할을 수행할 수 있겠다 싶어 이 책이 당신 손에 들어온 것이다. 자가진단의 목적을 설명하고 구체적인 시기와 과업을 안내할 책임은 당신에게 이 책을 소개한 이에게 있다.

주인의식을 가지고 자가진단 과정을 이해하고 준비하

려면 부분적으로 참여해서는 곤란하다. 자가진단 과정의 일부를 변경하는 것은 신중해야 하고, 만일 변경한다면 몇 주 안에 끝내야 한다. 하나의 조직에 대해 전반적으로 자가진단을 실시하려면 수개월이 소요될 수도 있다. 자가진단을 주도하는 사람은 상세한 과정 안내를 통해 자가진단 팀을 구성하고 감독하는 방법을 습득할 수 있을 것이다.

이 책은 두 가지 목적을 가지고 있다. 첫째는 당신에게 '생각의 가이드'를 주기 위해서이고, 둘째는 당신이 다른 사람들과 생산적으로 토론하고 의사결정 하도록 준비시키기 위해서다. 이 책에서 제시된 내용을 최대한 실천하려면, 다음 세 가지 사항을 명심하기 바란다.

1. 조직 및 운영상의 정보뿐만 아니라 기존의 자가진단 자료나 보고서를 철저하게 검토하라.
2. 별도로 시간을 내어 이 책을 꼼꼼히 읽고, 책에 나오는 중요한 질문들에 신중히 답변하라.
3. 연수회, 그룹 토론, 1대 1 심층 인터뷰, 여타 자가진단 모임에 적극적으로 참여하라.

끝으로 이 책을 사용하는 법에 관해 조언한다면, 마지막 순간에 가서야 급하게 진행하지 말라는 것이다. 다섯 가지 질문은 언뜻 단순해 보이지만, 알고 보면 그렇게 단순하지 않다. 충분한 시간을 들여서 다섯 가지 질문들을 이해하라. 올바로 실행하기만 하면 자가진단은 조직의 스킬, 역량, 몰입 수준을 향상시킬 수 있도록 도와줄 것이다. 적극적으로 임한다면 비전을 강화하고 '미래를 구체화'하는 기회를 마련할 수 있을 것이다.

추가로 탐구할 질문들

자가진단 도구에서 가장 중요한 요소는 바로 제기되는 질문들이다. 행동하기 위해서는 질문에 대한 답이 필요하다. 다음의 자가진단 프로세스를 따라가면서 각 질문들을 던져보고 또 답해보기 바란다.

미션은 무엇인가

왜, 무엇을 위해 존재하는가?

'우리의 미션은 무엇인가?'라는 포괄적인 질문을 다루는 동안 다음과 같은 추가적인 질문들을 함께 생각하라. 얻고자 하는 답을 찾는 데 도움이 될 것이다.

우리는 무엇을

달성하고자 하는가?

— 우리 조직의 미션이 무엇이라고 알고 있는가?

— 우리의 존재 이유는 무엇인가?

— 우리는 이 일을 왜 하고 있는가?

— 최종적으로 우리는 무엇으로 기억되고 싶은가?

우리가 처한 내부 또는 외부의
도전, 기회, 이슈는 무엇인가?

— 우리가 직면하고 있는 중요한 외부의 도전은 무엇인가? (예: 변화하는

인구구조, 법률이나 규제, 새로운 기술과 경쟁 등)

— 어떤 중요한 외부 기회들이 등장하고 있는가? (예: 제휴나 협력, 최신 관

행이나 접근방식, 사회문화적 트렌드 등)

— 우리 조직이 당면한 결정적인 이슈는 무엇인가? (예: 외국어 능통 직원의

필요성, 지역사회의 이슈, 시장점유율, 의료보험 비용 상승, 유통채널 변화 등)

우리의 미션을
재검토할 필요가 있는가?

— 현재의 미션 선언문을 다시 정의해야 하는가? 그렇지 않다면 이유는

무엇인가? 그렇다면 왜 그런가?

— 어떤 방식으로 미션 선언문을 재작성하거나 수정해야하는가?

— 미션을 새로 정립하면 어떤 이득이 있을 것 같은가? 왜 그런가?

— 미션을 새로 정립할 경우 직면할 문제는 무엇이 있겠는가? 누구에게 문제가 생기겠는가? 왜 그런가? 그런 변화를 이루기 위해 단계적으로 어떤 조치가 필요한가?

반드시 만족시켜야 할
대상은 누구인가?

'우리의 고객은 누구인가?'라는 포괄적인 질문을 다루는 동안 다음과 같은 추가적인 질문들을 함께 생각하라. 얻고자 하는 답을 찾는 데 도움이 될 것이다.

우리의 고객은

누구인가?

— 우리가 만든 제품이나 서비스를 누가 사용하는지 목록을 적어보라. 그 목록으로 1차고객이 누구인지 확인해야 하고 인구구조의 변화에도 불구하고 그 고객들이 자신들을 계속 지지할 것인지를 판단해야 한다. 공

공기관의 경우에는 법률에 따라, 혹은 그 기관을 설립한 정부에 의해 1차 고객이 결정된다.

— 우리가 만족시켜야 할 내·외부의 지원고객(직원, 회원, 파트너, 기부자, 중개자, 자원봉사자 등)은 누구인지 목록을 적어보라.

— 우리가 지원고객 각각에게 어떤 가치를 제공해야 하는가?

— 우리의 강점, 역량, 자원이 고객의 니즈를 충족시키고 있는가? 그렇다면 어떤 방식으로? 아니라면 이유는 무엇인가?

우리의 고객은

변화했는가?

— 어떤 식으로 고객들이 변화했는가? 다음과 같은 관점으로 생각해보라. 인구 구조(나이, 성별, 인종, 민족), 1차적 니즈, 규모(더 많아졌는가, 더 적어졌는가?), 신체적 · 심리적 건강, 기타(주거지, 직장 등)

— 이런 변화들이 우리 조직에 어떤 영향을 미치는가?

....

....

....

....

추가하거나 삭제해야 할

고객은 없는가?

— 우리가 새로 관심을 둬야 할 고객은 누구인가? 왜 그런가?

....

....

....

— 우리가 그들(새로운 고객)에게 제공할 수 있는 특별한 역량은 무엇인

가?

....

....

— 현재 고객들 중에서 더 이상 관심을 보여서는 안 되는 고객은 누구인가?

— 왜 그런가? 그들의 니즈가 변화했는가? 우리의 자원이 너무 제한적인가? 다른 조직이 더 효율적인가? 그들의 니즈가 조직의 미션과 일치하지 않는가? 조직의 역량에 문제가 있는가?

그들은 무엇을
가치 있게 생각하는가?

'고객 가치는 무엇인가?'라는 포괄적인 질문을 다루는 동안 다음과 같은 추가적인 질문들을 함께 생각하라. 얻고자 하는 답을 찾는 데 도움이 될 것이다.

고객가치는
무엇인가?

— 1차고객들에게 다른 곳에서는 얻을 수 없는 특별한 니즈와 만족감, 혜택을 주기 위해 조직이 해야 할 일은 무엇인가라는 관점을 통해 고객가치를 생각해보라. 1차고객의 유형별로 그들은 어떤 가치를 우리 조직으

로부터 기대하는지 서술해보라.

— 지원고객들에게 다른 곳에서는 얻을 수 없는 특별한 니즈와 만족감, 혜택을 주기 위해 조직이 해야 할 일은 무엇인가라는 관점을 통해 고객 가치를 생각해보라. 지원고객의 유형별로 그들은 어떤 가치를 우리 조직 으로부터 기대하는지 서술해보라.

— 고객들의 장기적인 꿈은 무엇인가? 그런 꿈을 실현하도록 돕기 위해 우리가 보유한 역량이나 능력은 무엇인가?

— 우리는 각각의 고객가치를 잘 충족시켜주는가? 다음과 같은 영역에서 의사결정을 내리기 위해 고객가치에 관한 지식이 어떻게 사용될 수 있는가? (상품 혹은 서비스. 채용. 교육훈련. 혁신. 기금 개발. 마케팅. 기타)

— 고객만족도를 측정하기 위해 어떤 방법(내적 혹은 외적 방법)을 사용할 수 있는가? 기존 고객뿐만 아니라 '비고객'에 대해서도 조사할 필요가 있는가?

— 지원고객들이 원하는 가치는 무엇인가?

— 지원고객이 기부자라면, 그들은 인정을 가치 있게 여기는가? 아니면 자신의 기부가 공동체의 문제를 해결하는 데 도움을 준다는 인식을 가치 있게 여기는가?

— 지원고객이 자원봉사자라면, 그들은 새로운 기술을 습득하는 것 때문에, 새로운 친구를 사귀는 것 때문에, 혹은 자신이 사람들을 변화시키는 데 도움을 준다는 것 때문에 기꺼이 시간을 할애하고 있는가?

— 지원고객이 1차고객과 관련 있는 사람이라면, 그들이 가진 기대가 무엇인지 알고 있는가?

— 지원고객이 유통업자 혹은 공급망 내의 일원이라면, 그들의 니즈는 무엇이며 미션, 수익성, 목표와 관련된 제약조건은 무엇인가?

결과는 무엇인가

어떤 결과가 필요하며,
그것은 무엇을 의미하는가?

'우리의 결과는 무엇인가?'라는 포괄적인 질문을 다루는 동안 다음과 같은 추가적인 질문들을 함께 생각하라. 얻고자 하는 답을 찾는 데 도움이 될 것이다.

우리는 조직의 결과를

어떻게 정의하는가?

— 미션, 고객, 고객가치에 대한 드러커의 처음 세 가지 질문을 고려한다면, 결과를 달리 정의할 것 같은가? 왜 그럴 것 같은가? 아니면 왜 그렇지 않을 것 같은가?

— 우리 조직의 결과를 앞으로 어떻게 정의하고 싶은가?

그런 결과를
어느 정도까지 달성했는가?

— (앞의 질문들에 대한 답을 생각하면서) 그런 결과를 어디까지 달성했다고 생각하는가?

— 결과 달성에 도움이 된(또는 방해가 된) 주요 활동이나 프로그램은 무엇인가?

— 정량적 · 정성적 차원에서 앞으로 결과를 어떻게 측정할 것인가?

우리는 자원을

얼마나 잘 활용하고 있는가?

— 우리는 인적자원(직원, 자원봉사자, 이사회 등)을 얼마나 잘 활용하고 있는

가? 활용 수준을 어떤 방법으로 알아내고 있는가? 어떻게 해야 잘 활용

할 수 있는가?

— 우리는 재무적 자원(자금, 건물, 투자처, 기부자 등)을 얼마나 잘 활용하고

있는가? 활용 수준을 어떤 방법으로 알아내고 있는가? 어떻게 해야 잘

활용할 수 있는가?

— 우리는 고객가치를 얼마나 효과적으로 다루고 있으며, 우리의 브랜드

를 얼마나 효과적으로 포지셔닝시키고 있는가?

— 기부자를 끌어들이고 유지하는 데에 우리 조직이 이룬 성과는 무엇인가? 그 이유는 무엇인가?

— 결과를 어떻게 규정하고 있으며 그 결과를 기부자들과 어떻게 나누고 있는가? 어떤 식으로든 그 절차를 바꿔야 하는가? 왜 그런가?

— 자원(인적자원, 재무적 자원, 브랜드, 기부자 등)을 잘 활용하는 유사 조직이 있는가? 기부자를 끌어들이고 만족시키는 일을 더 잘하고 있는가? 이사

회를 더 잘 다루고 있는가? 만약 그렇다면, 이유는 무엇인가? 그들로부

터 무엇을 배울 수 있는가?

계획은 무엇인가

앞으로 무엇을 어떻게 할 것인가?

'우리의 계획은 무엇인가?'라는 포괄적인 질문을 다루는 동안 다음과 같은 추가적인 질문들을 함께 생각하라. 얻고자 하는 답을 찾는 데 도움이 될 것이다.

우리는 무엇을 배웠으며,

무엇을 개선해야 하는가?

— 가장 중요한 교훈들을 목록으로 적은 후에 각각에 필요한 향후 조치들을 생각해보라.

― 현재의 사업영역뿐만 아니라, 미래에 우리 조직이 채택할 새로운 활동 계획을 수립하는 데에 필요한 정보는 무엇인지 생각해보라.

우리의 노력은
어디에 초점을 맞춰야 하는가?

― 우리 조직이 초점을 맞춰야 한다고 생각하는 영역을 목록으로 적어보라. 그 이유를 간략하게 적어보라. 그리고 그 영역들이 미션에 부합되는지 판단해보라.

— 지금까지 배운 것을 바탕으로, 역시 우리 조직이 초점을 맞춰야 한다고 생각하는 영역을 목록으로 적어보라. 그 이유를 간략하게 적어보고, 그런 영역들이 미션에 부합되는지 설명하라.

우리는
무엇을 다르게 해야 하는가?

— 우리가 새로이 추가해야 할 프로그램, 활동, 고객 유형은 무엇이라고 생각하는가?

— 우리가 폐기해야 할 프로그램, 활동, 고객 유형은 무엇이라고 생각하는가?

_____

_____

_____

_____

— 우리 조직에서 효과적으로 혹은 효율적으로 감당할 수 없다면, 그것을 아웃소싱할 수 있는 외부 조직은 어디인가?

_____

_____

_____

_____

— 그 이유는 무엇인가?

_____

_____

_____

_____

결과 달성을 위한
우리의 계획은 무엇인가?

— 결과 달성을 가능케 하는 목표는 무엇인가?

— 비영리조직일 경우, 사람들을 변화시키고 미션을 추구하도록 돕는 목
표(근본적 의도)는 무엇인가?

— 목표 달성을 가능케 하는, 측정 가능한 세부목표는 무엇인가?

— 세부목표 달성을 가능케 하는, 측정 가능한 실행방법은 무엇인가?

— 목표, 세부목표, 실행방법을 달성하기 위해 필요한 예산은 어느 정도라고 추측되는가?

— 언제까지 달성해야 하는가?

― 각각의 목표, 세부목표, 실행방법에 누가 책임을 지는가?

― 이러한 계획 실행에 필요한 인력은 어떻게 구성할 것인가?

― 결과를 어떻게 평가하고 측정할 것인가?

결과를 달성하기 위한

나의 계획은 무엇인가?

— 의사결정자가 제시하길 원하는 행동조항들과, 이사회나 직원들이 승

인하길 바라는 권고사항들을 목록으로 정리하라.

_____

_____

_____

_____

— 승인 목표일과 실행 목표일을 설정하라.

_____

_____

_____

— 직원들의 지원이 필요한 부분을 규명하라.

이 책은 사회, 공공, 영리 부문에서 리더십과 경영에 관해 독창적인 생각을 공유 중인 프랜시스 헤셀바인 리더십 연구소의 창립 25주년을 기념한 책으로 우리의 오래된 파트너인 '존 와일리 앤 선John Wiley & Sons 출판사'의 도움으로 출간되었습니다. 이 책이 나오기까지 도움을 준 분들께 깊은 감사를 표합니다.

이 지면을 빌어 자신들의 재능을 기꺼이 나눠준 여러 인사들에게도 깊은 감사의 말씀을 전합니다.

· 버나드 뱅크스, 조직의 가치와 개인의 가치라는 프리즘

을 통해 조직의 결과를 점검하는 것이 얼마나 중요한지 일깨워 주었습니다.

· 로렌 메일리언 바이어스, 개인의 성공과 직업적 성공 간의 상호의존성을 설명해주었습니다.

· 주아나 보르다스, 조직에서 계획 수립 프로세스의 효과성을 측정하는 최고의 방법을 알려주었을 뿐만 아니라, 그녀가 콜로라도에서 가장 큰 히스패닉 봉사조직을 성공적으로 일궈내면서 얻은 교훈을 벤처기업을 창업하길 원하는 사람들이 어떻게 적용할 수 있을지 함께 숙고했습니다.

· 애덤 브라운, 완벽한 인생으로 향하는 종착지는 어디에도 존재하지 않는다는 것과 목표 달성 과정의 특성을 이야기해주었습니다.

· 짐 콜린스, 지속성과 변화 사이의 근본적인 긴장을 조직의 전략이 어떻게 반영해야 하는지 설명하면서 변화를 수용하는 조직의 탁월함은 '변화시키지 말아야 것'을 아는 데에 있음을 일깨워주었습니다.

· 캐롤린 고슨, 리더로서 가장 중요한 일은 비전을 정립하는 것이고, 그 비전을 현실적인 활동으로 구체화하려면

사람들이 내재화할 수 있는 명확한 계획이 필요하다고 역설했습니다.

· 마셜 골드스미스와 켈리 골드스미스, 개인 차원에서 '우리의 미션은 무엇인가?'란 질문을 어떻게 적용해야 하는지 일러주었을 뿐만 아니라 개인들이 효과적으로 미션을 설정하려면 행복과 삶의 의미 모두를 고려할 필요가 있다는 자신들의 연구 결과를 알려주었습니다.

· 나디라 히라, 예전과는 달리 오늘날의 기업들이 소셜미디어를 통해 끊임없이 피드백을 받고 있으면서도 소셜미디어를 효과적으로 사용하는 법을 아는 기업은 거의 없다고 꼬집었습니다.

· 필립 코틀러, 모든 사람을 만족시키려고 애쓰기보다는 핵심고객이 누구인지 좀 더 잘 파악하고 그들을 만족시키는 데 초점을 맞춰야 한다고 역설했습니다.

· 제임스 쿠제스, 모범적인 리더들이 하는 일의 대부분은 고객을 위해 비범한 가치를 창조하는 것이라고 일러주었습니다.

· 라그후 크리슈나무르티, 고객의 니즈 변화에 대응하고 오늘날의 급변하는 세계 시장에서 살아남기 위해 GE

가 어떻게 지속적으로 자신들의 미래 이미지를 새로 그리고 스스로를 재창조하는지 설명해주었습니다.

· 조안 스나이더 컬, 밀레니엄 세대가 누구이며 그들이 원하는 것이 무엇인지 일러주었을 뿐만 아니라 드러커의 위대한 지혜가 이전 세대와 마찬가지로 밀레니얼 세대에게도 얼마나 유효한지를 깨닫게 했습니다.

· 마이클 라제로우와 카스 라제로우, 제도권이 기업에서 고객에게 급격히 넘어가는 '고객 혁명'이 이미 시작되었다고 말하면서 기업을 이끄는 리더들이 이런 변화의 흐름에 어떻게 올라탈 수 있는지를 알려주었습니다.

· 루크 오윙스, 조직의 리더가 내부고객들의 니즈를 무시하지 않도록 주의해야 한다는 점을 지적하고, 그들의 니즈와 동기를 인식하는 능력이 조직의 미션으로 나아가는 데 얼마나 중요한지를 설명해주었습니다.

· 마이클 래드파르바르, 유명한 홀스티의 선언문이 어떤 연유에서 나왔는지 그리고 그 선언문을 어떻게 조직의 미션으로 탈바꿈시켰는지를 알려주었습니다.

· v. 캐스터리 랭건, 좋은 계획을 수립하는 방법과 계획의 실행을 모니터링하고 향후 계획 수립을 위해 피드백 프

로세스를 구축하는 것의 중요성을 일러주었습니다.

· 주디스 로딘, 어떤 계획이라 해도 측정 가능한 결과물을 내고 그것에 따라 중간 수정을 할 수 있는 메커니즘을 갖춰야만 만족스러운 계획이라고 이야기했습니다.

특히, 조안 스나이더 컬은 이 책이 가야 할 방향을 함께 제시해주었고, 젊은 리더들을 위한 내용을 책에 담도록 열정을 다해주었습니다. 또한 이 책의 초점과 구조를 설정함에 있어 우리는 능력 있는 편집자 피터 이코노미Peter Economy에게 많은 신세를 졌습니다.

또한 이런 기회를 현실로 만들 수 있도록 도와준 프랜시스 헤셀바인 리더십 연구소 운영위원회의 위원장 윌 콘웨이Will Conway를 비롯해 칼라 그랜덤Carla Grantham, 조안 스나이더 컬, 찰리 오코너Charlie O'Connor, 케이스 새퍼Keith Schaefer 위원에게 가슴 깊은 곳에서 우러나는 감사의 말씀을 전합니다. 여러분의 지지와 조언은 앞으로 세계인들의 삶에 긍정적인 영향을 미칠 것입니다. 프랜시스 헤셀바인 리더십 연구소의 전 위원장인 크리스 프랠릭Chris Fralic은 아이디어 발화에 도움을 주었고 지속적인 지지와 조언을 아끼지 않았습니다.

뮤추얼 오브 아메리카 라이프 인슈어런스Mutual of America Life Insurance Company와 미국 교직원퇴직연금기금TIAA-CREF 는 이 책의 유일한 기업 스폰서가 되어주었습니다. 1945 년에 설립된 뮤추얼 오브 아메리카는 비영리 부문의 금융 수요를 지원하고 지역사회에 이익을 환원하는 등 '기업 시민'의 책임을 다하고 있습니다. 이 책의 스폰서가 되어 준 것 역시 '어려움에 처한 이들을 돕는 사람들을 지원한 다'는 회사 정책의 일환이라 할 수 있습니다.

1918년에 설립된 TIAA-CREF는 "섬기는 자를 섬긴 다"라는 미션을 꾸준히 지켜오고 있습니다. TIAA-GREF 가 이 책을 후원한다는 사실은 그들이 무엇보다 고객을 우선한다는 것을 보여줍니다. TIAA-CREF는 비영리조 직들을 오랫동안 후원해왔고, 타인의 삶을 풍요롭게 만드 는 데 헌신하는 사람들의 재무적 건전성이 유지되도록 다 양한 솔루션을 제공하고 있습니다.

프랜시스 헤셀바인 리더십 연구소의 동반자라 할 수 있 는 후원자, 전문가, 지역사회 리더, 기업의 고위 임원, 교 수, 학생들이 점점 증가하고 있습니다. 또한 피츠버그 대학교에서 열리는 '학생 리더십과 시민 참여를 위한 프랜시스 헤셀바인 글로벌 아카데미'에 참가하는 사람들도 늘어나고 있습니다. 여러분들의 에너지와 리더십을 향한 열정은 널리 퍼질 것입니다. 여러분은 영감의 근원이고 우리의 미래입니다.

조직의 리더 중에 피터 드러커를 모르는 사람이 있을까? 만일 있다면 그는 한 번도 경영의 본질을 생각해본 적이 없는 사람일 것이다.

2005년 11월에 95세를 일기로 사망할 때까지 경영학계의 '생불(生佛)'로 왕성하게 활동하던 그가 리더들에게 던지는 질문들은 간명하면서도 매우 중요한 경영의 본질을 다룬다.

경영 컨설턴트로서 나는 연일 쏟아지는 여러 경영 관련 책들에 관심을 두는데, 제각기 독창적인 경영의 방향을 제시하고자 하지만 결국 드러커의 다섯 가지 질문에서 벗어나지 못한다는 것을 매번 느끼곤 한다. 부처님 손바닥에서 벗어나지 못하는 손오공과 같다고 해야 할까?

다섯 가지 질문을 늘 상기하고 스스로에게 던지는 일은 경영자가 해야 할 최우선적 업무라고 나는 감히 주장한다. 발등에 떨어진 위기를 타파하는 데 급급한 기업이나 눈앞의 이득을 위해 황금거위의 배를 가르는 조직이 의외로 많다는 것에 나는 놀라곤 한다.

대표적인 사례가 2014년 가을부터 2015년 봄까지 제과업계를 달아오르게 한 허니 버터칩이다. 알다시피 사람들은 이 달달한 맛의 감자칩에 열광했다. 어렵게 하나를 구해 SNS에 올리면 온갖 부러움과 시샘마저 감수해야 할 열풍이었다.

만들자마자 날개 돋친 듯 팔리는 과자의 생산을 늘려야 겠다는 생각이 자연스럽게 경영자의 머릿속에 떠올랐을 것이다. 언제 이런 기회가 생기겠는가? 기회를 놓치는 일은 절대 있을 수 없다!

나는 2014년 12월에 호텔방에 앉아 그 회사 입장에서 시나리오를 세워보고는 증산은 하지 않는 것이 낫고 증산하더라도 소량을 늘리는 게 고객가치나 브랜드 가치 차원에서 좋다는 글을 블로그에 게시했다. 업체 직원 누군가가 열람하길 내심 바라면서 말이다.

하지만 2015년 4월에 나온 신문기사는 허니 버터칩의 대대적인 증산을 알렸다. 누구나 부족함 없이 허니 버터칩을 즐길 수 있도록 하겠다는 취지였다. 의도는 좋았지만 지금 이 브랜드는 어떤가? 이제는 이 과자의 열성팬을 찾아보기 어려울 만큼 외면받고 있는 것이 현실이다. 슈퍼마켓에 가면 다른 과자에 '업혀서' 팔리는 모습도 심심찮게 목격한다. 한때 엄청난 부러움을 사던 브랜드로서 굴욕이 아닐 수 없다.

어느 날 나는 강의하다가 이 기업이 시나리오를 제대로 세워 대비를 했더라면 이런 굴욕은 막을 수 있었을 것이고, 브랜드의 가치를 계속 유지했을 거라고 언급했다. 그러자 식품업계에서 온 교육생 한 명이 곧바로 반박을 해왔다. 비록 허니 버터칩이 브랜드 가치를 잃어버리긴 했지만 그 과자의 매출액은 오히려 늘었다면서 증산 전략이 실패이기는커녕 오히려 성공적이었다고 주장했다. 교육생들끼리 그 사람의 주장을 놓고 잠시 논쟁이 벌어졌다. 반대측에서는 고객의 마음속에 있던 허니 버터칩의 위상이

지금은 존재감조차 없도록 추락했으니 실패라고 반론을 폈다.

여기에서 피터 드러커의 다섯 가지 질문들을 간단하게 대입해보자.

첫 번째 질문 '왜, 무엇을 위해 존재하는가?' 홈페이지에 들어가면 거창한 말로 미션 선언문이 소개돼 있지만, 나라면 '맛의 즐거움을 느끼게 한다'라고 이 회사의 미션을 정할 것 같다. '허니 버터향'이라는 맛은 증산에 열을 올린 나머지 금방 질려버렸다. 계속해서 이 맛을 개량해서 고객에게 궁극의 맛을 경험케 하는 것이 옳지 않았을까?

두 번째 질문 '반드시 만족시켜야 할 고객은 누구인가?' 증산에만 초점을 맞췄다는 것은 어떤 사람들이 이 과자를 경험하고 소비하는지 분석을 게을리했다는 반증이라고 나는 본다.

세 번째 질문 '고객은 무엇을 가치 있게 생각하는가?' 고객이 허니 버터칩 구매에 열을 올린 이유는 이 과자의 맛이 특별해서이기도 하지만 희소성 그 자체 때문이기도 했다. 소위 '득템'의 즐거움과 선물의 기쁨이 이 과자의 독특한 가치들 중 하나였다. 하지만 이 회사는 여기에 중요성을 부여하지 않았다.

네 번째 질문 '어떤 결과가 필요하며, 그것은 무엇을 의미하는가?' 위에서 언급했듯이 이 회사는 장부 상의 매출액 증가로 결과를 정의한 것이 틀림없다. 브랜드 가치나 고객 경험을 결과로 정의했더라면 '증산 전략이 성공이다'라는 말은 나오지 않았을 테니까.

마지막으로 다섯 번째 질문 '앞으로 무엇을 어떻게 할 것인가?' 다른 과자에 테이핑되어 판매되는 걸 보니 이 질문은 아예 던지지도 않은 것 같다.

이렇듯 피터 드러커의 다섯 가지 질문은 조직 전체의 방향성을 결정하는 일뿐만 아니라 개별 사업과 브랜드에도 적용할 수 있고 또 그래야만 하는 일상적 경영의 본질이다. '뭐 좀 새로운 것 없어?'라고 트렌디한 방법과 성공 사례를 찾기 전에 조직의 최상위부터 말단에 이르기까지 피터 드러커의 다섯 가지 질문에 올바른 답을 할 수 있는지, 또 일치된 답을 가지고 있는지 매번 살펴야 한다. 이 책이 전달하는 메시지는 단순하고 고루해 보여도 그게 경영의 근본이다.

오래된 전통기업의 리더든, 이제 막 사업자등록을 한 스타트업의 경영자든 이 책을 옆에 끼고 하루에 한 번 이상 다섯 가지 질문을 스스로에게 던지고 답하는 습관을 들이길 기대한다. 언젠가 피터 드러커에게 감사할 날이 반드시 올 것이라고 나는 장담한다. 나 역시 번역하면서 다시금 그의 경영철학을 숙고할 수 있었다. 이 지면을 빌어 감사를 전하며 그의 영면을 빈다.

2017년 4월
유정식

이미지 출처

· **p.7** by Jeff McNeill, wikimedia commons
· **p.13** www.shutterstock.com
· **p.52** by Nan Palmero, flickr
  (https://flic.kr/p/cACgbb)
· **p.58** by Homermcness, wikimedia commons
· **p.66** by Jingya Liu, flickr (https://flic.kr/p/dR2ASz)
· **p.70** by Next TwentyEight, flickr
  (https://flic.kr/p/faZEAG)
· **p.84** by Jack11 Poland, wikimedia commons
· **p.98** by Rafael Castillo (https://flic.kr/p/cUXPhJ)
· **p.108** www.shutterstock.com
· **p.128** by OFFICIAL LEWEB PHOTOS, flickr
  (https://flic.kr/p/aT1ffv)
· **p.133** by freestocks.org, flickr
  (https://flic.kr/p/C7ZfJq)
· **p.136** by Global Festival of Ideas for Sustainable
  Development, flickr (https://flic.kr/p/Sa9HGC)
· **p.152** by Rockefeller Foundation,
  wikimedia commons
· **p.168** by SALT Conference 2013,
  wikimedia commons
· **p.198** by Juanabordas, wikimedia commons
· **p.210** by OFFICIAL LEWEB PHOTOS, flickr
  (https://flic.kr/p/ci5UEY)

옮긴이 유정식

경영 컨설턴트이자 인퓨처컨설팅 대표다. 포항공과대학교 산업경영공학과를 졸업하고 연세대학교에서 경영학 석사학위를 받았다. 기아자동차에서 사회생활을 시작했으며 LG CNS를 거쳐 글로벌 컨설팅회사인 아더앤더슨과 왓슨와이어트에서 컨설턴트로 경력을 쌓았다. 시나리오 플래닝, 전략적 사고, 문제 해결력, 인사 전략 등을 주제로 국내 유수 기업과 공공기관을 대상으로 컨설팅과 교육을 진행하고 있다. 지은 책으로 『착각하는 CEO』 『당신들은 늘 착각 속에 산다』 『경영, 과학에게 길을 묻다』 『전략가의 시나리오』 등이 있고, 옮긴 책으로 『하버드 창업가 바이블』 『디맨드』 『당신은 사업가입니까』 등이 있다.

세계 최고 리더들의 인생을 바꾼 **피터 드러커의**

최고의 질문

초판 1쇄 발행 2017년 4월 21일
초판 21쇄 발행 2024년 3월 22일

지은이 피터 드러커, 프랜시스 헤셀바인, 조안 스나이더 컬
옮긴이 유정식
펴낸이 김선식

부사장 김은영
콘텐츠사업본부장 임보윤
콘텐츠사업1팀장 한다혜 **콘텐츠사업1팀** 윤유정, 성기병, 문주연, 조은서
마케팅본부장 권장규 **마케팅2팀** 이고은, 배한진, 양지환
미디어홍보본부장 정명찬 **브랜드관리팀** 안지혜, 오수미, 김은지, 이소영
뉴미디어팀 김민정, 이지은, 홍수경, 서가을, 문윤정, 이예주
크리에이티브팀 임유나, 박지수, 변승주, 김화정, 장세진, 박장미, 박주현
지식교양팀 이수인, 염아라, 석찬미, 김혜원, 백지은
편집관리팀 조세현, 김호주, 백설희 **저작권팀** 한승빈, 이슬, 윤제희
재무관리팀 하미선, 윤이경, 김재경, 이보람, 임혜정 **인사총무팀** 강미숙, 지석배, 김혜진, 황종원
제작관리팀 이소현, 김소영, 김진경, 최완규, 이지우, 박예찬
물류관리팀 김형기, 김선민, 주정훈, 김선진, 한유현, 전태연, 양문현, 이민운

펴낸곳 다산북스 **출판등록** 2005년 12월 23일 제313-2005-00277호
주소 경기도 파주시 회동길 357 3층
전화 02-702-1724 **팩스** 02-703-2219 **이메일** dasanbooks@dasanbooks.com
홈페이지 www.dasanbooks.com **블로그** blog.naver.com/dasan_books
종이 신승INC **출력** 북토리 **제본** 대원바인더리

ISBN 979-11-306-1215-7 (03320)